Jean Constanza

Francés en 10 días

Curso fácil con un nuevo método

AF206084

© 2019 Jean Constanza
Publication and Production:
BoD - Books on Demand, Norderstedt, Alemania
ISBN 9783748174882
Portada: Sacré - Coeur, París
Foto: Jean Constanza

Índice

Primero día

La transcripsión fonética (TF)

Hay una buena manera de aprender la pronunciación: Si 'Google' traduce un texto en español en un texto francés, se puede escuchar el texto en francés.

Reglas para la transcripsión fonética:
Un sonido sonoro es subrayado.
Una vocal abierta se indica con una letra mayúscula. Las vocales largas se indican mediante la duplicación de la vocal.

	TF	como en	francés TF	español
b	**b**	en barco	robe ro**b**	traje
c	**k**	charco	cabine **k**abin	cabina
	s	antes de e, i ,y	place plas	plaza
		como la s	ici i**s**i	aquí
		sorda en salva	cycle **s**ikl	ciclo
ç	s	s sorda	ça **s**a	esto
ch	**sh**	shok	chat **sh**a	gato
d	**d**	donde	date **d**at	fecha
e, é	**e**	e cerrada como en peseta	été **e**te	verano
è,ê	**E**	e abierta como en llover	père p**E**r	padre
e,eu	**oe**	entre 'o' y 'e'	repas r**oe**pas	comida
g	**g**	gracias	gare **g**ar	estación
	sh	antes de e, i, y como la g francesa en 'génie'	rouge ru**sh**	rojo
ge	**sh**	antes de a, o, y géographie	**sh**eografi	geografía
gn	**ñ**	leña	ligne li**ñ**	linea

gu	g	antes de e, i	guerre **g**Er	guerra
			guide **g**id	guía
h		h muda	hôtel ot**E**l	hotel
j	**sh**		jour **sh**ur	día
ll	l	lira	aller a**l**e	andar
	j	llegar	fille fi**j**	hija
n	n	número	**n**ormal	normal
o	o	o cerrada como	pot p**o**	pote
		en oficina		
	O	o abierta	poche p**O**sh	bolsa
		como en ojo		
ph	f	golf	photo **f**oto	foto
r	r	r gutural	barre ba**r**	vara
s	s	s sorda	salle **s**al	sala
	s̲	entre dos	rose ro**s̲**	rosa
		vocales: s sonora		
th	t	torre	thé **t**e	té
u	y	Victor Hugo	minute min**y**t	minuto
v	v	travieso	verre **v**Er	vaso
x	ks	taxi	taxi ta**ks**i	taxi
y	i	antes de	style st**i**l	estilo
		consonante: i		
	j	antes de vocal:	yoga **j**Oga	yoga
		como en yogur		
z	s̲	desde	zéro **s̲**ero	cero
ai	E	a veces como	chaise **sh**Es	silla
		e abierta		
	e	a veces como	aider **e**de	ayudar
		e cerrada		
au,	o	oficina	faute **f**ot	error
eau			eau **o**	agua
eu	oe	entre o y e	deux d**oe**	dos
	OE	como en	coeur k**OE**r	corazón
		inglés: first		

6

oi	oa	o cerrada + a	noir noar	negro
ou	u	mundo	route rut	calle
ui	yi	y corto + i	nuit nyi	noche

Las nasales

Las nasales están formadas por una vocal seguida de 'm' o 'n'. La nasal se pronuncia de la siguiente manera: la vocal se articula al pasar el aire solo a traves de la nariz.
La 'm' o 'n' no se pronuncian.

La nasal a: TF *a*

La nasal *a* se pronuncia lo mismo que el presidente Mitterand (miter*a*).

am	lampe	l*a*p	lámpara
an	tante	t*a*t	tía
em	emporter	*a*porte	tomar
en	entre	*a*tr	entre
ent	lent	l*a*	lento
ment	moment	mom*a*	momento

La nasal *a*, por ejemplo: am, an, em, en.

La nasal e: TF *e*

La nasal *e* se pronuncia lo mismo que el presidente Giscard d'Estaing (shiskardEst*e*).

aim	faim	f*e*	hambre
ain	pain	p*e*	pan
eim, ein	sein	s*e*	seno
ien	bien	bj*e*	bien
im	impair	*e*pEr	impar
in	vin	v*e*	vino
um, un	parfum	parf*e*	perfume

La nasal *e*, por ejemplo: ien, im, in, um, un.

La nasal o: TF *o*

La nasal *o* se pronuncia lo mismo que el
presidente Pompidou (p*o*pidu).

om	tomber	t*o*be	caer
on	ton	t*o*	tono
tion	station	stasj*o*	estación

La nasal *o*, por ejemplo: om, on.

Reglas de la pronunciación

Las consonantes al final de la palabra a menudo
no se pronuncian: sport (spOr) / deporte.
Delante de una vocal o una h muda se pronuncia
la consonante final:
les autos (le<u>s</u>oto) / los coches.
La e al final de la palabra no se pronuncia:
rose (ro<u>s</u>) / rosa.
Delante de una vocal i, y > j:
kiosque (kjOsk) / kiosco
bruyant (bryj*a*) / ruidoso.

Acentuación
En francés todas las sílabas de una palabra están
igualmente acentuadas.

F Acentos
1. El acento agudo: sólo en la e   été / verano
2. El acento grave
    en la a   là / allí
    en la e   mère / madre
    en la u   où / dónde
3. El acento circunflejo
    en todas las vocales   île / isla,   dôme / catedral

8

Alfabeto francese

A (a) b (bee) c (see) d (dee) e (oe) f (Ef) g (shee)
h (ash) i (ii) j (shii) k (ka) l (El) m (Em) n (En)
o (oo) p (pee) q (ky) r (Er) s (Es) t (tee) u (y)
v (vee) w (dubloevee) x (iiks) y (iigrEk)
z (sEd)

Abreviaciones

derivación de reglas grammaticales	D
ejemplo	E
parte facultativa	**F**
participio pasado	PP
plural	Pl
singular	Sg
transcripción fonética	TF
regla	R

**Por favor, aprender las palabras subrayadas
en el vocabulario de abrigo a bebida.**

En cada capítulo, lea primero la parte gramatical
y luego la narración breve.

Por favor, lea en voz alta la siguiente narración
breve. Importante: lectura, pronunciación y
escucha simultánea del texto.

El control aduanero.Le contrôle douanier.

Lugar: El aeropuerto de París
un turista T, aduanero A

A Buenos días. Bonjour (b*o*shur). Su pasaporte, por favor. Le passeport s'il vous plait (loe paspOr silvuplE). El pasaporte está caducado.Le passeport est périmé (E perime).

T He aquí mi tarjeta de identidad. Voici la carte d'identité (voasi la kart did*a*tite). He viajado por España. J'ai voyagé par l'Espagne (she voaja*sh*e par lespañoe). ¿Hay algo de nuevo en Francia? Il y a quelque chose de nouveau en France (ilja kElkoe <u>sh</u>o<u>s</u> doe nuvoo *a*n fr*a*s) ?

A No sé nada de nuevo. Je ne sais rien de nouveau (<u>sh</u>oe noe sE rj*e* doe nuvo). Tiene algo que declarar? Vous avez quelque chose à déclarer (vu<u>s</u>ave kElkoe <u>sh</u>o<u>s</u> a deklare)?

T No tengo nada que declarar. Je n'ai rien à déclarer (<u>sh</u>oe ne rj*e* a deklare).

A Abrir esta maleta. Ouvrez cette valise (uvre sEt vali<u>s</u>). Ahora *sé* algo de nuevo para usted. Maintenant *je sais* quelque chose de nouveau pour vous (m*e*tn*a*t <u>sh</u>oe sE kElkoe <u>sh</u>o<u>s</u> doe nuvoo pur vu). Ha de pagar aduana sobre esto. Vous devez payer les droits de douane pour ceci (vu doeve peje le droa doe duan pur sesi)!

T Pero esto es un regalo para usted. Mais c'est un cadeau pour vous (mE sEt *e* kado pur vu).

A Muchas gracias. Je vous remercie (<u>sh</u>oe vu roemErsi).
Las palabras en cursivo tienen el mismo significado.

10

Segundo día

¿Dónde está la estación? Où est la gare?

Lugar: París
un turista T, una parisina P

T Perdone, señora. Excusez-moi, madame (Ekskysemoa madam). Dónde está la estación 'gare de l'est'? Où est la 'gare de l'est' (u E la gar doe lEst)?

P En el centro. Au centre de la ville (o satr doe la vil).

T Se puede ir a pie? Je peux m'y rendre à pieds (shoe poe mi radr a pje)?

P No es posible porque la estación está a una distancia de diez kilómetros. Ce n'est pas possible, parce que la gare est à une distance de dix kilomètres d'ici (soe nE pa pOsibl parskoe la gar Eta yn distas doe di kilOmEtr disi).

T ¿Cómo puedo ir a la estación de tren? Comment est-ce-que je peux aller à la gare (kOma Eskoe shoe poe ale a la gar)?

P ¿Prefiere el autobús o el metro? Vous préférez l'autobus ou le métro (vu prefere lotobys u loe metro)? Ambos van a la estación. Tous les deux vont à la gare (tu le doe vot a la gar).

T Es lo mismo. Ça m'est égal (sa mEtegal). ¿Dónde está la parada de autobús o la estación de metro? Où se trouve l'arrêt d'autobus ou la station de métro (u soe truv larE dotobys u la stasjo doe metro)?

P Para ir a la parada de autobús tiene que seguir

11

todo recto hasta el semáforo después girar a la derecha y coger la segunda calle a la derecha. Pour aller à l'arrêt de bus, vous devez aller toujours droit jusqu'aux feux de signalisation, puis tourner à droite et prendre la deuxième à droite (pur ale a larE doe bys vu doeve ale tu<u>sh</u>ur droa shysk o foe doe siñalisasj*o* pyi turne a droat et pr*a*dr la doesjème a droat). Para ir a la estación de metro tiene que atravesar esta plaza después seguir todo recto hasta el cruze y girar a la izquierda. Pour aller à la station de métro, vous devez traverser cette place, puis aller tout droit jusq'au croisement et tourner à gauche (pur ale a la stasj*o* doe metro vu doeve trevErse sEt plas pyi ale tu droa shysko kroasm*a* e turne a gosh).

T ¿Qué autobús va a la estación? Quel autobus va à la gare (kEl otobys va a la gar)?

P Tiene que coger el autobús número treinta. Vous devez prendre le bus numéro trente (vu doeve pr*a*dr loe bys nymero tr*a*t).

T ¿Cuántas paradas quedan para la estación? Combien d'arrêts y a-t-il jusqu'à la gare (k*o*bj*e* darE jatil <u>sh</u>ysk a la gar)?

P Lo siento, no lo sé. Je suis désolée, je ne le sais pas (<u>sh</u>oe syi desOle <u>sh</u>oe noe loe sE pa).

T No importa. Ça ne fait rien (sa noe fE rj*e*), Muchas gracias. Merci (mErsi).

El artículo definido

E El chico y la chica comen la naranja.
  Le garçon e **la** fille (1) mangent **l'**orange (2).

Pl **Les** garçons et **les** filles mangent **les** oranges (3).

D 1 Hay dos artículos definidos: el artículo masculino **le** y el artículo femenino **la**.

  2 Delante de las vocales o una h muda le e la > **l'**.

  3 El plural de le, la, l': **les**.
   No se pronuncia la 's' de les.
   Delante de las vocales o una h muda se pronuncia la 's':
   le**s** oranges / las naranjas, le**s** hôtels / los hoteles.

Los artículos contractos

E La chica es la amiga del chico.
  La fille est l'amie **du** garçon (1).

PL Les filles sont les amies **des** garçons (2).

D 1 **de** + **le** > **du**.

  2 **de** + **les** > **des**.

E La chica le da la naranja al chico.
  La fille donne l'orange **au** garçon (1).

PL Les filles donnent les oranges **aux** garçons (2).

D 1 **à** + **le** > **au**.

  2 **à** + **les** > **aux**.

Excepción: **l'** no se junta con la preposición:
Le nom **de** l'hôtel. El nombre del hotel.

El artículo partitivo

E ¿Quieres cerveza ? Voulez-vous **de la** bière? (1) No quiero cerveza / je ne veux pas **de** bière. (2) Quiero una copa de vino / je veux un verre **de** vin. (3)

D 1 de + artículo definido > articolo partitivo
El artículo partitivo se usa delante de una cantidad indefinida.
Se utiliza la preposición **de** (sin artículo):

2 quando la frase es negativa

3 después de una cantidad definida.

La conjugación: avoir / hacer y être / ser

presente	j'**ai** (1)	je **suis** (2)
présent	tu **as**	tu **es**
1 tengo	il / elle **a**	il / elle **est**
2 estoy	nous av**ons**	nous **sommes**
	vous av**ez**	vous **êtes**
	ils / elles **ont**	ils / elles **sont**
imperfecto	j'av**ais** (1)	j'**étais** (2)
imparfait	tu av**ais**	tu ét**ais**
1 tenía	il / elle av**ait**	il / elle ét**ait**
2 era	nous av**ions**	nous ét**ions**
	vous av**iez**	vous éti**ez**
	ils / elles av**aient**	ils / elles ét**aient**

F El futuro tiene las mismas desinencias que el presente del verbo 'avoir': futuro / futur

1 habré	j'aur**ai** (1)	je ser**ai** (2)
2 seré	tu aur**as**	tu ser**as**
	il / elle aur**a**	il / elle ser**a**
	nous aur**ons**	nous ser**ons**
	vous aur**ez**	vous ser**ez**
	ils / elles aur**ont**	ils / elles ser**ont**

F El condicional tiene las mismas desinencias
que el imperfecto del verbo 'avoir':

condicional / conditionnel

1 tendría	j'aur**ais** (1)	je ser**ais** (2)
2 sarei	tu aur**ais**	tu ser**ais**
	il / elle aur**ait**	il / elle ser**ait**
	nous aur**ions**	nous ser**ions**
	vous aur**iez**	vous ser**iez**
	ils / elles aur**aient**	ils / elles ser**aient**

El artículo indefinido

E   Un chico y una chica comen una naranja.
       Un garçon et **une** fille mangent **une**
       orange (1).

PL   **Des** garçons et **des** filles mangent **des**
       oranges (2).

D   1   Hay dos artículos indefinidos:
       un (m) une (f)
       El plural de un, une**: des**

F Gemelos univitelinos

Gemelos univitelinos: una palabra en español y
una palabra en francés que se escriben de la
misma manera y tienen el mismo significado.

bien	bien bj*e*
casino	casino ka<u>s</u>ino m
dormir	dormir dOrmir
escalope	escalope EskalOp f
fin	fin f*e* f
lavabo	lavabo lavabo m
mal	mal
miel	miel mjEl m
parasol	parasol parasOl m
plan	plan pl*a* m

Los números cardinales

0 zéro *s*ero
1 un *e*
2 deux doe
3 trois troa
4 quatre katr
5 cinq s*e*k
6 six sis
7 sept sEt
8 huit yit
9 neuf nOEf
10 dix dis
11 onze *o*s
12 douze du*s*
13 treize trE*s*
14 quatorze katOr*s*
15 quinze k*e*s
16 seize sE*s*
17 dix-sept disEt
18 dix-huit disyit
19 dix-neuf disnOEf
20 vingt v*e*
21 vingt-et-un v*e*te*e*
30 trente tr*a*t
40 quarante kar*a*t
50 cinquante s*e*k*a*t
60 soixante soas*a*t
70 soixante-dix soas*a*t dis
71 soixante et onze (soas*a*t e *o*s)
80 quatre-vingt (katroe v*e*)
81 quatre-vingt-un
90 quatre-vingt-dix
100 cent (s*a*)
1000 mille (mil)
1000000 un million (*e* milj*o*)

F Números ordinales y quebrados

El número ordinal se forma de la siguiente manera: **número cardinal + ième** (TF jEm).
Excepción: premier, première.

primero/a	premier, première
segundo	deuxième (doesjEm)
tercero	troisième 1/3: un tiers
cuarto	quatrième 1/4: un quart
quinto	cinquième 1/5: un cinquième
sexto	sixième (sisjEm)
sétimo	septième (sEtjEm)
octavo	huitième (yitjEm)
nono	neuvième (noevjEm)
décimo	dixième 1/10: un dixième

Se usan números ordinales para las fracciones:
1/5 un cinquième, 1/6 un sixième, 1/7 un septième etc.
Excepciones: ½ un demi, 1/3 un tiers, ¼ un quart.

Por favor aprender las palabras subrayadas en el vocabulario de bicicleta a comer.

Tercero día

La huelga. La grève.

Lugar: la estación de Marsella.
un turista T, un empleado E

T (delante de la ventanilla / devant le guichet):
¿A qué hora sale el tren para París? À
quelle heure est le prochain train pour Paris (a
kEl OEr E loe prOsh*e* tr*e* pur pari)?

E No lo sé. Je ne le sais pas (<u>sh</u>oe noe loe sE
pa). Desde hace ayer en lugar de
horario tenemos una huelga. Depuis hier, au
lieu de l'horaire, nous avons une grève
(doepyi ijEr o ljoe doe lOrEr nu<u>s</u>av*o* yn
grEv).

T ¿De qué andén sale el tren? De quel quai part
le train (doe kEl kE par loe tr*e*) ?

E Del andén número seis. Du quai six (dy kE
sis).

T ¿Tengo que cambiar de tren ? Est-ce que je
dois changer de trains (Eskoe <u>sh</u>oe doa
sha<u>sh</u>e doe tr*e*)?

E Sí, tiene que cambiar de tren en Lyon. Oui,
vous devez changer de train à Lyon.

T ¿Puedo tomar el enlace para París? Je
prendrai ma correspondance pour Paris (<u>sh</u>oe
pr*a*dre ma kOresp*o*d*a*s pur pari)?

E Sí, usted enlaza con el tren para París. Oui,
vous avez une correspondance pour Paris (vi
vu<u>s</u>ave yn korEspond*a*s pur paris).

T ¿Cuánto tiempo dura el viaje? Combien de
temps dure le voyage (k*o*bj*e* doe t*a* dyr loe

voaja<u>sh</u>)?

E Normalmente sólo cinco horas pero hoy por la huelga ocho horas. Normalement cinq heures, mais aujourd'hui par suite de la grève huit heures (nOrmalm*a* s*e*k Oer mEso<u>sh</u>urdyi par syit doe la grEv yit OEr).

T ¿Hay un coche-cama? Il y a un wagon couchettes (ilja *e* vag*o* kushEt)?

E Sí, pero por la huelga sólo hasta Lyon. Oui, mais par suite de la grève seulement jusqu'à Lyon (vi mE par syit doe la grEv sOElm*a* <u>sh</u>yska lj*o*).

T Quisiera un asiento de ventanilla en coche-cama. Je voudrais réserver un coin fenêtre et une couchette (<u>sh</u>oe vudrE re<u>s</u>Erve *e* ko*e* foenEtr e yn kushEt). Un billete de ida y vuelta, la vuelta sin huelga, porfavor. S'il vous plait un billet aller - retour, le retour sans grève (silvuplE *e* bijE ale roetur loe roetur s*a* grEv).

El sustantivo

E   un français / un francés une française / una francesa

D   Sustantivo masculino + **e** > sustantivo femenino.
       Excepsiones, por ejemplo:

vend**eur**	vend**euse**	vendedor/a
direc**teur**	direc**trice**	director (directriz)
écoli**er**	écoli**ère**	alumno/a

R   La e del sustantivo femenino no se pronuncia.

19

F El género: masculino o femenino?

E   Durante el viaje Paolo lee el artículo en el periódico: El trabajo de la oficina de turismo.
Pendant le voy**age** Paul lit dans le journ**al** l'article:
Le trav**ail** du bureau de tour**isme**.

D   En su mayoría son masculinos: los verbos que terminan en
-age, -al, -ail, -isme.

E   El intervalo con una baguette y una caminata es importante para la salud.
La récréa**tion** avec une bagu**ette** et une promen**ade** est importante pour la san**té**.

D   En su mayoría son femeninos: los verbos que terminan en
-tion, -ette, -ade, -té.

E   Un barco que transporta 'Renaults' va al Sena para Francia.
Un navire qui transporte des Renault va sur la Sein**e** par la France.

D   En su mayoría son femeninos: nombres de coches, nombres de ríos y paises que terminan en **-e**.

El plural

E   El chico y la chica comen la naranja.
Le garçon et la fille mangent l'orange.

Pl   Les garçon**s** et les fille**s** mangent les orange**s**.

D   El plural se forma agregando **-s** al singular; esta 's' non si pronuncia.

La misma forma al singular e plural

Las palabras en -s, -x, -z retienen el plural -s,-x,-z:

el brazo / le **bras** Pl les **bras**, la voz / la **voix** Pl les **voix**, la nariz / le **nez** Pl les **nez**.

El plural irregular

E   La chica ama el pastel y el juego.
La fille aime le gât**eau** et le j**eu**.

Pl   Les filles aiment les gâte**aux** et les je**ux**.

D   Principalmente las palabras en **-au y -eu** forman el plural agregando **-x** al singular.

R   Las palabras en **-al** forman el plural en **-aux:**
le journ**al** / el periódico. Les journ**aux** / los periódicos.

Declinación

nominativo:	el hijo / le fils	la hija / la fille
genitivo:	du fils	de la fille
dativo:	au fils	à la fille
accusativo	le fils	la fille

Días de la semana

Qué día es hoy? Quel jour sommes-nous aujourd'hui?

lunes	lundi l*e*di
martes	mardi
miércoles	mercredi mErkroedi
jueves	jeudi <u>sh</u>oedi
viernes	vendredi v*a*droedi
sábado	samedi samdi
domingo	dimanche dim*a*sh

Meses

enero	janvier _sha_vje
febrero	février fevrije
marzo	mars
abril	avril
mayo	mai mE
junio	juin _shyie_
julio	juillet _shy_ijE
agosto	août ut
septiembre	septembre sEpt_a_br
octubre	octobre OktObr
noviembre	novembre nOv_a_br
diciembre	décembre des_a_br

Estaciones

primavera	printemps pr_eta_
verano	été
otoño	automne otOn
invierno	hiver ivEr

R   Días de la semana, meses y estaciones son **masculinos**.

F Qué hora es?

Los minutos se cuentan hasta 30 minutos, luego se deducen de la siguiente hora.

	Il est
1.00	une heure
1.15	une heure et quart
1.30	une heure et demie
1.35	deux heures moins vingt-cinq
1.45	deux heures moins le quart
2.00	deux heures

Por favor aprender las palabras subrayadas en el vocabulario de comida a ensalada.

Cuarto día

La avería. La panne.

Lugar: París
un turista T, una parisina P, empleado E, mecánico M

T   ¿Disculpe señora, dónde está el taller más cercano? Excusez-moi, madame, où se trouve le garage le plus proche (Ekskys̱emoa madam u soe truv loe garas̱h loe ply prOsh)?

P   (riendo / en riant)
Justo detrás de usted. Exactement derrière vous (Egs̱aktoem*a* dErjEr vu).

E   ¿Hola, qué hay? Bonjour, qu'est-ce qu'il y a (bos̱hur kEskilja)?

T   Mi coche tiene una avería. Ma voiture est en panne (ma voatyr Et*a* pan). ¿Puede echarle un vistazo? Pourriez-vous vérifier ma voiture (purievu verifie ma voatyr)? Se ha parado y ya no arranca. Elle s'est arrêtée et ne démarre pas (El sEtarEte e noe demar pa).

E   ¿Dónde se ha parado? Où s'est elle arrêtée (u sEtEl arEte)?

T   Justo delante del taller. Exactement devant le garage (Egs̱aktoem*a* doev*a* loe garas̱h).

E   Bien hecho, un buen coche. Bravo, c'est une bonne voiture (bravo sEtyn bOn voatyr). La llave del coche, por favor. S'il vous plait la clef de la voiture (silvuplE la kle doe la voatyr). Mientras mi mecanico controla el coche, usted puede beber un café. Pendant que mon mécanicien contrôle la voiture, vous

23

pouvez boire un café (p*ada* koe m*o* mekanis-
j*e* k*o*trol la voatyr vu puve boar *e* kafe).

El mecánico regresa después de 5minutos Le
mécanicien retourne dans 5 minutes.

T ¿Por qué el coche no arranca? Pourquoi la
   voiture ne démarre pas (purkvoa la voatyr
   noe demar pa)?

M Adivinar. Devinez (doevine).

T ¿El contacto no funciona? Le démarreur ne
   fonctionne pas (loe demarOEr noe f*o*ksjOn
   pa)?

M No. Non (n*o*).

T ¿La batería está vacía? La batterie est à plat
   (la batri Eta pla)?

M No, pero el depósito de gasolina está vacío.
   Non, mais le réservoir d'essence est vide (n*o*
   mE loe resErvoar des*a*s E vid).

El adjetivo

E   El chico pequeño y la chica pequeña
     comen la naranja.
     Le petit garçon et la petite fille (1)
     mangent l'orange.

Pl   Les petit**s** garçon**s** et les petite**s** fille**s** (2)
     mangent les oranges.

D 1 adjetivo masculino (petit) + **e** >
      adjetivo femenino (petit**e**).
      Si la forma masculina termina ya en 'e' el
      adjetivo permanece sin cambios:
      le jeun**e** garçon, la jeun**e** fille.

   2 forma singular (1) + **s** > forma plural (**2**)

24

F Adjetivos con dos formas para el masculino singular.

m	m	f
beau guapo	bel	belle
nouveau nuevo	nouvel	nouvelle
vieux viejo	vieil	vieille

La segunda forma del masculino se usa si el adjetivo precede a un sustantivo que comienza con vocal o 'h' muda: le nouvel an / el año nuevo.

F La posición del adjetivo

E El capitán francés tiene un gran barco con un segundo motor eléctrico.
Le capitaine français (1) a un grand bateau (2) avec un deuxième moteur électrique (3).

D 1 El adjetivo generalmente sigue al sustantivo al que se refiere.
Preceden al sustantivo:

2 los adjetivos monosilábicos (por ejemplo grand / grande, bon / bueno, beau / guapo) y los adjetivos cortos (por ejemplo: joli / lindo, jeune / joven, vieux / viejo, petit / pequeño).

3 los numerales.

F El comparativo y el superlativo

A es bella / A est **belle.**
B es más bella que A / B est **plus belle** que A
(comparativo).
C es la más bella / C est **la plus belle**
(superlativo).
D es menos bella que A / D est **moins belle** que
A.
D es la menos bella / D est **la moins belle.**

Saludo y despedida

Lugar: París
una española F, un español M

M ¿Qué tal? Comment allez-vous (kOmatale
   vu)?
F Muy bien, gracias. Très bien, merci (trE bje
   mErsi).
M Me llamo Gallo. Je m'appelle Gallo (shoe
   mapEl). ¿Cómo se llama? Comment vous
   appelez-vous (kOma vusaple vu)?
F Me llamo Gallina. Je m'appelle Gallina.
M ¿De dónde es? Vous êtes d'où (vusEt du)?
F Soy de Madrid. Je viens de Madrid (shoe vje
   doe madrid). Lo siento, tengo que partir
   ahora. Je suis désolée, je dois maintenant
   partir (shoe syi desOle shoe doa metna partir).
M Hasta la vista, Señora Gallina, e buen vuelta
   para España. Au revoir, madame Gallina, et
   bon   retour en Espagne (o roevoar madam e
   bo roetur en españ).

F Gemelos univitelinos

auto	auto (oto) m
bar	bar m
beige	beige (bE<u>sh</u>)
bikini	bikini m
motel	motel (mOtEl) m
radio	radio (radjo) f
taxi	taxi (taksi) m
sentir	sentir s*a*tir
venir	venir venir
visa	visa vi<u>s</u>a

F Mellizos

Mellizos: una palabra en españolo y una palabra en francés que se escriben de manera similar y tienen el mismo significado.

arteficial	artificiel artifisjEl
artista	artiste artist m f
auténtico	authentique ot*a*tik
avión	avio avj*o* m
bicicleta	bicyclette bisiklEt f
billete	billet bijE m
cabina telefónica	cabine téléphonique
caravana	caravane karavan f
carta	carte kart f
circuito	circuit sirkyi m
compartimento	compartiment k*o*partim*a*
concierto	concert k*o*sEr m
confirmar	confirmer kofirmé
consigna	consigne k*o*siñ f

Por favor aprender las palabras en el vocabulario de <u>entender</u> a <u>haber.</u>

Quinto día

Primer encuentro. Première rencontre.

Lugar: Las Palmas de Gran Canaria. Delante de un hotel. Al lado de la entrada: dos maletas.
una turista F, un turista M

M ¿Le gusta aquí? Ça vous plait ici (sa vu plE isi)?

F Sí, me gusta mucho. Oui, ça me plait très bien (vi sa moe plE trE bj*e*).

M ¿Dónde vive? Où habitez-vous (u abitevu)?

F Vivo en Madrid. J'habite à Madrid.

M Qué sorpresa yo también. Quelle surprise, moi aussi (kEl syrpri<u>s</u> moa osi). Me llamo Diego. Je m'appelle Diego (<u>sh</u>oe mapEl).

F (riendo / en riant) Encantada. Enchantée (*a*sh*a*tee).

M ¿Cómo se llama? Comment vous appelez-vous (kOm*a* vu<u>s</u>aplevu)?

F Soy Carmen. Je m'appelle Carmen (<u>sh</u>oe mapEl).

M ¿Ha encontrado un buen hotel? Avez-vous trouvé un bon hôtel (avevu truve *e* b*o*notEl)?

F Sí, aquél es mi hotel. Oui, cet hotel là (vi soetotEl la).

M Estoy también en aquel hotel. Je suis aussi dans cet hôtel (<u>sh</u>oe syi osi d*a* soetotEl).
¿Está aquí con la familia? Vous êtes ici avec la famille (vu<u>s</u>Et isi avEk la famij)?

F No, estoy sola. Non, je suis seule (n*o* <u>sh</u>oe syi sOEl).

28

M Yo también. Moi aussi (moa osi). He llegado ayer. Je suis arrivé hier (shoe syi arive jEr). Cuándo ha llegado? Quand est-ce-que vous êtes arrivée (k*a* Eskoe vu_s_Et arive)?

F Hace una semana. Il y a une semaine (ilja yn soemEn).

M ¿Hasta cuándo se queda? Vous êtes ici pour combien de temps (vu_s_Et isi pur k*o*bj*e* doe t*a*)?

F Estoy saliendo. Je suis en train de partir (shoe syi_s_a tr*e* doe partir). Allí están mis maletas. Voilà mes valises (voala me vali_s_). Estoy esperando al taksista para ir al aeropuerto. J'attends le chauffeur de taxi pour aller à l'aéroport (shat*a* loe shofOEr doe taksi pur ale a laeropOr).

M Qué lástima. Quel dommage (kEl doma_sh_). ¿Nos podemos encontrar en Madrid? Est-ce qu'on peut se revoir à Madrid (Esk*o* poe soe roevoar a madrid)? ¿Le gustaría ir al cine? Nous allons au cinéma (nu_s_al*o* o sinema)?

F No me interesa el cine. Je ne m'intéresse pas au cinéma (shoe noe m*e*terEs pa o sinema).

M ¿Le apetece ir a una discoteca? Nous allons à une discothèque (nu_s_al*o* a yn diskOtEk)?

F No. Je n'ai pas envie d'aller à une discothèque (shoe ne pas*a*vi dale a yn diskOtEk).

M ¿Qué hace en su tiempo libre? De quoi vous occupez-vous dans votre temps libre (doe kvoa vusokypevu d*a* vOtr t*a* libr)?

F Prefiero la ópera. Je préfère l'opéra.

M Yo también. Moi aussi (moa osi). ¿Tiene tiempo el seis septiembre? Vous avez du temps le six septembre (vu_s_ave dy t*a* loe sis sEpt*a*br)?

F Un momento, por favor. Un moment, s'il vous plait (*e* mom*a* silvuplE). Tengo que echar una mirada a mi agenda. Je dois regarder mon agenda (shoe doa regarde mona<u>sha</u>da). Sí, la tarde está libre. Oui, le soir est libre (vi loe soar E libr).

M (toma su movil y marca un número de teléfono / prend son téléphone portable et compose un numéro de téléphone).
¿Qué ponen en la ópera el seis septiembre? Qu'est-ce qu'il y a le six septembre à l'opéra (kEskilja loe sis sEpt*a*br a lOpera)? Oh, un estreno. Oh, une première (yn proemjEr). ¿Quién es el protagonista? Qui est le soliste (ki E loe sOlist)? Oh, Placido Domingo. Quisiera reservar dos butacas. Je voudrais réserver deux places au balcon (shoe vudrE re<u>s</u>Erve doe plas o balk*o*).

F ¿Qué ponen? Qu'est-ce qu'il y a à l'opéra (kEskilja a lOpera)?

M 'Otello' de Verdi. 'Otello' de Verdi.

El adverbio

E   El chico lento come lentamente.
     Le garçon lent mange lentement.

D   La forma *femenina* del adjetivo (*lente*) + ment > el adverbio (*lente*ment).
     Adjetivos que terminan en una vocal:
     Forma masculina del adjetivo + ment > adverbio: vrai + ment > vraiment (realmente)

R   El adverbio es invariable.

30

F <u>Comparativo y superlativo del adverbio</u>

A se maquilla a menudo / A se maquille **souvent**.
B se maquille **plus souvent** que A (comparativo).
C se maquille **le plus souvent** (superlativo).
D se maquille **moins souvent** que A.
D se maquille **le moins souvent**.
R Superlativo : **le** + comparativo.

F <u>Comparacion de igualdad</u>

Charles tiene tanto riesgo para la salud como Paul porque fuma tanto como Paul, porque come altrettanto spesso como Paul y porque es tan grueso como Paul.
Charles a **autant de** risque sanitaire **que** Paul (1), parce qu'il fume **autant que** Paul (2), parce qu'il mange **aussi** souvent **que** Paul (3) et parce qu'il est **aussi** gros **que** Paul (4).
D 1 sustantivo: **autant de … que**
  2 verbo: **autant que**
3+4 adverbio o adjetivo: **aussi … que**

F <u>Adverbios irregulares</u>

E Después de una buena cena me siento bien.
Après un **bon** dîner je me sens **bien**.
bon (adjetivo) bien (adverbio)
Después de una mala cena me siento mal.
Après un **mauvais** dîner je me sens **mal**.
mauvais (adjetivo) mal (adverbio)

31

F Comparativos y superlativos irregolares

bon (bueno)	meilleur	le, la meilleur
mauvais (malo)	pire	le, la pire
bien (bien)	mieux	le mieux
mal (mal)	pis	le pis

F Contrarios adjetivos y adverbios

viejo / joven **âgé / jeune**; barato / caro **bon marché / cher**; ancho / estrecho / **large / étroit**; fuera / dentro **dehors / dedans**; primero / último **premier / dernier**; libre / ocupado **libre / occupé**; pronto / tarde **tôt / tard;** gran(de) / pequeño **grand / petit**; duro / mullido **dur / mou;** claro / oscuro **clair / sombre**; caliente / frío **chaud / froid;** aquí / allá **ici / là;** alto / bajo **haut / bas;** su / giù **en haut / en bas**; detrás / delante **derrière / devant**; fácil / difícil **facile / difficile**; ligero / pesado **léger / lourd**; largo / corto **long / court;** a la izquierda / a la derecha **à droite / à gauche**; fuerte / silencioso **bruyant / silencieux**; después de / antes de **après / avant;** cercano / lejos **proche / lointain**; arriba / abajo **dessus / dessous**; abierto / cerrado **ouvert / fermé;** correcto / falso **juste / faux**; rápido / lento **rapide / lent;** bello / feo **beau / laid;** fuerte / débil **fort / faible**; dulce / ácido **doux / acide;** negro / blanco **noir / blanc**; seco / mojado **sec / mouillé**; sobre / debajo de **sur / sous;** lleno / vacío **plein / vide.**

Por favor aprender las palabras en el vocabulario de habitación a llegar.

32

F Hablar con el médico

¿Hay una farmacia o un médico cerca? Il y a une pharmacie / un médecin au voisinage (ilja yn farmasi *e* mEds*e* o voasina<u>sh</u>)?

Estoy / soy…	**Je suis …**
alergico/a a	allergique à (alEr<u>sh</u>ik)
vacunado/a contra	vacciné contre (vaksine k*o*tr)
svenuto je me suis évanoui (<u>sh</u>oe moe syi evanui)	
me he caído	tombé (t*o*be)
embarazada de … meses	enceinte de … mois (*a*set doe… moa)
diabético/a	diabétique (diabetik)

Tengo …	**J'ai …**
dolor de cabeza	mal à la tête (mal a la tEt)
dolor de oído	douleur d'oreille (dulOEr dorej)
dolor de garganta	mal à la gorge (gOr<u>sh</u>)
dolor de espalda	mal au dos (do)
dolor de estómago	maux d'estomac (mo dEstOma)
un escalofrío	un refroidissement (roefroadism*a*)
dolor de vientre	mal de ventre (mal doe v*a*tr)
fiebre	de la fièvre (fjEvr)
una indigestión	une indigestion (*e*di<u>sh</u>Estj*o*)
la diarrea	la diarrhée (diare)
he vomitado	eu des vomissements (y de vOmism*a*)
la tensión alta / baja	une tension élevée/basse (t*a*sj*o*)
el tortícolis	un torticolis (tOrtikOli)
dolores aquí	des douleurs ici (de dulOEr isi)
los trastornos circulatorios	troubles circulatoires (trubl sirkylatoar)

Este es mi medicamento habitual / Je prends ces médicaments regulièrement (<u>sh</u>oe pr*a* se medika-m*a* regyljErm*a*).

33

Sexto día

El traje de novia. La robe de mariée.

Una tienda di ropa en Madrid.
Carmen C, vendedora V

V ¿Le puedo ayudar? Je peux vous aider (<u>sh</u>oe poe vu<u>s</u>ede)?

C Estoy buscando un traje de novia. Je cherche une robe de mariée (<u>sh</u>oe sh Ersh yn rOb doe marie).

V ¿Qué talla tiene? Quelle taille (kEl taj)?

C Tengo la talla 40. Je porte du 40 (shoe pOrt dy kar*a*t).

V ¿Puede describir el traje de novia que desea? Vous pouvez décrire la robe que vous désirez (vu puve dekrir la rOb koe vu desire)?

C Deseo un vestido elegante y tradicional. Je désire une robe élégante et traditionnelle (<u>sh</u>oe desir yn rOb eleg*a*t e tradisjOnEl).

V ¿De qué color? De quelle couleur (doe kEl kulOEr)?

C Me gustaría un vestido blanco. Je voudrais une robe en blanc (<u>sh</u>oe vudrE yn rOb *a* bl*a*).

V ¿Este es muy elegante, no? Celle-ci est très élégante n'est-ce pas (sElsi E trE<u>s</u>eleg*a*t nEspa)?

C ¿Puedo probarlo? Je peux l'essayer (<u>sh</u>oe poe leseje)?

V Con mucho gusto. Volontiers (vOl*o*tje). Aquí están los probadores. Voici les cabines d'essayage (voasi le cabin desEja<u>sh</u>).

C (está de pie delante del espejo y mira feliz su
imagen reflejada / est debout devant le miroir
et regarde heureuse son reflet)
Me queda bien. Ça va très bien (sa va trE
bj*e*). Este vestido es un sueño. Cette robe est
un rêve (sEt rOb Et*e* rEv). ¿Cuánto cuesta
este sueño? Combien coûte ce rêve (k*o*bj*e* kut
soe rEv)?

V Son dos mil euros. Deux mille Euro (doe mil
oero).

C Qué pena. Quel dommage (kEl dOma<u>sh</u>). No
puedo gastar más de mil euros. Je ne peux
pas dépenser plus de mille Euro (<u>sh</u>oe noe
poe pa dep*a*se ply doe mil oero).

V Un momento, por favor; voy a telefonear con
el jefe de sección. Un moment, s'il vous plait
(*e* mom*a* silvuplE); je vais téléphoner au chef
de rayon (<u>sh</u>oe vE telefOne o shEf doe rEj*o*).
*Después de la llamada telefónica. Après le
coup de téléphone.*
Puede comprar el vestido por mil quinientos
euros. Vous pouvez acheter la robe avec
mille cinq cent Euro (vu puve ashte la rob
avEk mil s*e*k s*a* oero).

C Vale, lo compro. D'accord, je l' achète
(dakOr <u>sh</u>oe lashEt).

Los verbos regolares (presente)
Tres grupos se distinguen en base al infinitivo.
Verbos del **primer grupo**: infinitivo en **-er**:
parl**er** / hablar

je parl **e** parlo	nous parl *ons*
tu parl **es**	vous parl *ez*
il/elle parl **e**	ils/elles parl *ent* (1)

1 La desinencia -ent no se pronuncia.

Verbos del **segundo grupo**: el infinitivo en -**ir**:
fin**ir** / terminar

je fini **s** termino	nous fin **iss** *ons* (1)
tu fini **s**	vous fin **iss** *ez*
il/elle fini **t**	ils/elle fin **iss** *ent*

1 Entre la raíz y la desinencia añadimos - iss**.**

Verbos del **tercer grupo**: el infinitivo en -**re**:
vend**re** (v**a**dr) / vender

je vend **s** vendo	nous vend *ons*
tu vend **s**	vous vend *ez*
il /elle ven **d**	ils/elles vend *ent*

R Todos los grupos tienen las mismas desinencias plurales: *-ons, -ez,- ent.*

F El imperfecto

El imperfecto se construye de la siguiente manera:

**Primera persona Pl del presente (sin desinen-
cia) + las mismas desinencias que el imperfecto del verbo 'avoir'.**

nous **parl** ons	+	j'av **ais**	>	je parl **ais**
nous **vend** ons	+	j'av **ais**	>	je vend **ais**
n ous **finiss** ons	+	j'av **ais**	>	je finiss **ais**
		tu av **ais**	>	tu finiss **ais**
		il av **ait**	>	il finiss **ait**
		nous av **ions**	>	nous finiss **ions**
		vous av **iez**	>	vous finiss **iez**
		ils av **aient**	>	ils finiss **aient**

36

F El condicional

El condicional se construye de la siguiente manera:

El infinitivo + las mismas desinencias que el imperfecto del verbo 'avoir'.

parler	+	j'av **ais**	> je parler **ais**
vendre	+	j'av **ais**	> je vendr **ais**
(1)			
finir	+	j'av **ais**	> je finir **ais**
		tu av **ais**	> tu finir **ais**
		il av **ait**	> il finir **ait**
		nous av **ions**	> nous finir **ions**
		vous av **iez**	> vous finir **iez**
		ils av **aient**	> ils finir **aient**

1 La e decae.

Después de 'si' no se usa el condicional sino el imperfecto.

Si fuera millionario, sería rico.

Si j'étais (imperfetto) millionnaire, je serais riche.

F El futuro

El futuro se construye de la siguiente manera:

El infinitivo + las mismas desinencias que el presente del verbo 'avoir'.

parler	+	j'**ai**	> je parler **ai**
vendre	+	j'**ai**	> je vendr ai
finir	+	j'**ai**	> je finir **ai**
		tu **as**	> tu finir **as**
		il **a**	> il finir **a**
		nous av **ons**	> nous finir **ons**
		vous av **ez**	> vous finir **ez**
		ils **ont**	> ils finir **ont**

F El futuro compuesto / le futur composé

El verbo aller / ir al presente + el infinitivo del verbo: Je vais partir pour Paris / estoy a punto de irme para París.

R Para los eventos que están a punto de ocurir, se usa el tiempo futuro compuesto.

El perfecto

El perfecto se forma de la siguiente manera:

El presente de avoir (tener) o être (ser) + el participio pasado del verbo.

E   Esperé un buen día. Me fui a los ocho.
      Caminé en el campo.
      J'ai attend**u** un beau jour. Je suis part**i** à huit heures. J'ai march**é** à la campagne.

verbo	desinencia	participio pasado
esperar /attendre	-re	**-u**
partir / partir	-ir	**-i**
caminar / marcher	-er	**-é**

Los verbos reflexivos y algunos verbos en movimiento forman el perfecto con être.

La desinencia del participio pasado está determinada por el sustantivo: Le garçon (la fille) est retourné(e).

El perfecto con **avoir**: El participio pasado es invariable: Le garçon (la fille) a téléfoné.

F El imperativo

R **El imperativo se deriva del presente.**

presente		imperativo
tu parl**es**	(**es > e**)	parl**e** / habla!
nous parlons		parlons / hablemos!
vous parlez		parlez / hablad!

Los verbos reflexivos forman el imperativo de la siguiente manera:
Imperativo negativo: pronombre delante del verbo: ne **te** dépeche pas / no te enojes!
Imperativo afirmativo: pronombre después del verbo: dépeche-**toi**!

Verbos irregolares

aller / ir
pres. je vais, tu vas, il/elle va, nous allons, vous allez, ils/elles vont
PP je suis allé / sono andato

faire / hacer
pres. je fais, tu fais, il/elle fait, nous faisons, vous faites, ils/elles font
PP j'ai fait

pouvoir / poder
pres. je peux, tu peux, il/elle peut, nous pouvons, vouz pouvez, ils/elles peuvent
PP j'ai pu

voir / ver
pres. je vois, tu vois, il/elle voit, nous voyons, vous voyez, ils/elles voient
PP j'ai vu

Por favor aprender las palabras en el vocabulario de <u>lleno</u> a <u>nuve</u>.

Sétimo día

Le voyage de noces. La luna de miel.

Lugar: Aeropuerto Madrid - Barajas
Carmen C, Diego D, empleado E

D À quelle heure le vol charter part pour Paris
(a kEl Oer loe vOl shartEr par pur pari)?
¿A qué hora sale el vuelo chárter para París?

E Vous avez encore un peu de temps (vu‿save
*a*kOr *e* poe doe t*a*). Tienen aún un poco di
tiempo. L'avion part à neuf heures (lavj*o* par
a noef OEr). El avión sale a la nueve.

C À quelle heure arrive l'avion à Paris (a kEl
OEr ariv lavj*o* a pari)? ¿A qué hora llega el
avión a París?

E Si l'avion part à l'heure, l'arrivée est à onze
heures (si lavj*o* par a lOEr larive Eta *o*s OEr).
Si el avión sale puntual, la llegada es a las
once. C'est la première fois que vous allez à
Paris (sE la proemjEr foa koe vu‿sale a pari)?
¿Ustedes viajan a París por primera vez?

C Oui, c'est notre voyage de noces (vi sE nOtr
voaja‿sh doe nOs). Sí, es nuestra luna de miel.

E Félicitations (felisitasj*o*). Felicidades. Vous
avez trouvé un bon hôtel (vu‿save truve *e* b*o*
otEl)? ¿Han encontrado un buen hotel?

D Oui, près de la cathédrale *Notre Dame* au
Quartier Latin (vi prE doe la katedral notr
dam o kartje lat*e*). Sí, cerca de la catedral
Notre-Dame en el barrio *Quartier latin*.

E J'ai vécu dans ce quartier de 1988 à 1996 (‿she
veky d*a* soe kartje). Viví en aquel barrio de

40

1988 a 1996. Chaque fois que je pense à Paris j'éprouve une grande nostalgie de cette ville merveilleuse (shak foa koe shoe pas a pari shepruv yn grad nOstalshi doe sEt vil mEr-vEjoes). Cada vez que me acuerdo de París, tengo una gran nostalgia de aquella ciudad maravillosa.

C   Qu'est-ce qui vous a impressionné le plus à Paris (kEski vusa eprEsjOne loe ply a pari)? ¿Qué le gustó más en París?

E   C'est une demande difficile (sEtyn doemad difisil). Esa es una pregunta difícil. Peut-être la vue sur la *Seine* sous les ponts de Paris ou bien la vue de mon appartement sur le ciel bleu au dessus des toits de Paris (poetEtr la vy syr la sEn su le po doe pari u bje la vu doe mon apartma syr loe sjEl bloe o doesy de toa doe pari). Tal vez las vistas al Sena debajo de los puentes de París o las vistas de mi aparta-mento al cielo azul sobre los techos de París. Peut-être ce soir-là sur la place de la Con-corde, quand le soleil rouge se couchait der-rière la tour Eiffel (poetEtr soe soar la syr la plas de la kokOrd ka loe sOlEj rush soe ku-shE dErjEr la tur EfEl). Quizá aquella tarde en la plaza Concorde mientras el sol rojo se ponía detras de la torre Eiffel. Peut-être cette nuit-là, quand j'ai regardé l'océan de lumières de la ville du restaurant le plus haut de la tour Eiffel (poetEtr sEt nyi la ka she roegarde lOsea doe lymjEr doe la vil dy rEstOra loe ply o doe la tur EfEl). Quizá aquella noche cuando miré el océano de luz de la ciudad en el más alto restaurante de la torre Eiffel. Peut-être la beauté séduisante des danseuses du

Lido et du *Moulin Rouge* (poetEtr la bote sedyis*a*t de d*a*soe*s* dy lido e dy mul*e* ru<u>sh</u>). Quizá la belleza seductora de las bailarinas en el *Lido* y el *Moulin Rouge*. Peut-être ce matin-là, quand j'ai vu devant l'église *Sacré-Cœur* après une nuit blanche le lever du soleil rosé (poetEtr soe mat*e* la k*a* she vy doev*a* legli<u>s</u> sakre kOEr aprE<u>s</u>yn nyi bl*a*sh loe loeve dy sOlEj rose). Quizá la mañana cuando vi delante de la iglesia *Sacré - Coeur* después de una noche en blanco la salida del sol rojizo. Qu'est-ce qui m'a impressionné le plus (kEski ma *e*prEsjOne loe ply)? Qué me gustó más? Je ne le sais pas (shoe noe loe sE pa). No lo sé. Mais je sais que vous serez très heureux tous les deux pendant ce voyage de noces, parce que Paris est la ville parfaite pour s'aimer et pour cela le lieu idéal pour un voyage de noces (mE <u>sh</u>oe sE koe vu sere trE<u>s</u>oeroe tu le doe p*a*da soe voaja<u>sh</u> doe nOs parskoe pari E la vil parfEt pur seme e pur sla loe ljoe ideal pur *e* voaja<u>sh</u> doe nOs). Pero sé que estaréis muy felices durante la luna de miel porque París es la ciudad perfecta para el amor y por eso la lugar ideal para una luna de miel.

D   Quelle est la porte d'embarquement (kEl E la pOrt d*a*barkm*a*)? ¿Cuál es la puerta de embarque?

E   Six F. La seis efe. Voici les cartes d'embarquement (voasi le kart d*a*barkm*a*). Aquí tienen las tarjetas de embarque. Bon vol et bonne chance (b*o* vol e bon sh*a*s). Buen vuelo y mucha suerte.

F El pronombre

El pronombre reemplaza un verbo para evitar una repetición del nombre.
Tu rencontres Paul? Oui, je **le** rencontre.
Encuentras a Paul? Sí, lo encuentro.

El pronombre reflexivo

E je me dépêche / me doy prisa

pronombre de sujeto	pronombre reflexivo	verbo
je	me	dépêche
tu	te	dépêches
il / elle	**se**	dépêche
nous	nous	dépêchons
vous	vous	dépêchez
ils / elles	**se**	dépêchent

En francés el pronombre de sujeto siempre debe expresarse.
En lugar de 'nous' a menudo se usa la forma ,on' / se : On y va? Vamos?
Se usa 'vous' como una forma de cortesía: Vous cherchez ce livre? Usted está buscando este libro?

El pronombre personal

E Je te donne un cadeau / te doy un regalo

pronombre de sujeto	ojeto indirecto	verbo
je	te	donne
tu	me	donnes
il	**lui**	donne
elle	**lui**	donne
nous	vous	donnons
vous	nous	donnez
ils / elles	**leur**	donnent

43

E Je te rencontre / te encuentro

pronombre de sujeto	ojeto directo	verbo
je	te	rencontre
tu	me	rencontres
il	**la**	rencontre
elle	**le**	rencontre
nous	vous	rencontrons
vous	nous	rencontrez
ils/elles	**les**	rencontrent

Pronombres objeto indirecto: como pronombres reflexivos. Excepción: tercera persona Sg en lugar de 'se': **lui** (le) tercera persona Pl en lugar de 'se': **leur** (les)**:** Me,te, **lui**, nous, vous, **leur.**
Pronombres objeto directo: como pronombres reflexivos. Excepción: tercera persona Sg en lugar de 'se': **la, le** (la, lo) tercera persona Pl en lugar de 'se': **les** (los, las):
Me, te, **la, le,** nous, vous, **les.**

El pronombre tónico

E   Je parle avec toi / hablo contigo

sujeto	verbo	preposición	tónicos
je	parle	avec	**toi**
tu	parles	avec	**moi**
il	parle	avec	elle
elle	parle	avec	**lui**
nous	parlons	avec	vous
vous	parlez	avec	nous
ils	parlent	avec	elles
elles	parlent	avec	**eux**

Uso del pronombre tónico

El pronombre: sujeto de una frase sin verbo.
'Leí 'Aprender alemán' en 10 días. 'Yo tambien.'
'J'ai lu 'Aprender alemán en 10 días'. '**Moi** aussi.'
Después de una preposición:
'Aquí está 'L'inglese in 10 giorni'. Esto es para ti.'
'Voici 'L'inglese in 10 giorni'. C'est **pour toi.**'
Para poner en evidencia:
Prefiere 'Francés en 10 días'; Prefieren 'L'anglais in 10 jours'. **Lui**, il préfère 'Francés en 10 días'; **eux**, ils préfèrent 'L'anglais in 10 jours'.
Después de c'est:
'Quién escribió estos 4 libros?' 'Soy yo.'
'Qui a écrit ces 4 livres? 'C'est **moi.**'
Cuando se quiere resaltar un contraste:
lui, il est vieux, **eux**, ils sont jeunes. El es viejo, ellos son jóvenes.

F Los pronombres '**y**' y '**en**'

'Y' y 'en' reemplazan frases con à y de.
E
Piensas a menudo en París? Sí, en ello pienso a menudo.
Tu penses souvent à Paris? Oui, j' **y** pense souvent.
Vas a París? Sí, voy allí.
Tu vais à Paris? Oui, j' **y** vais.
Vienes de París? Sí, vengo de allí.
Tu viens de Paris? Oui, j' **en** viens.

F La posición de los pronombres

Los pronombres están delante del verbo en este orden.

1	2	3	4	5	6
me					
te	le				
se	la	lui	y	en	verbo
nous	les	leur			
vous					

E   me lo das / tu me le donnes

La elisión

Cuando la siguiente palabra comienza con una
vocal o 'h' muda, la vocal del pronombre se elide
y se reemplaza por el apóstrofe.
Quiero a te. Je t'aime.
La elisión se hace con las palabras:
me, te, se, le, la y ce, de, je, ne, que, si.

La negación

La negación se expresa por 'non'.
Has visto a R.? No. Tu as vu R? Non.
La negación puede constar de dos partes.
'Ne' se coloca delante del verbo o *pronombre*;
'pas' se coloca después del verbo.
Je **ne** rencontre **pas** R / no encuentro a R.
Je **ne** *le* rencontre **pas** / no lo encuentro.

En el lenguaje hablado tendemos a suprimir 'ne'.
Je rencontre **pas** R.
El auxiliar se coloca entre las dos partes de la
negociación.
Je **n**'ai **pas** vu R. No he visto a R.
no … nunca: **ne … jamais**. Je **ne** rencontre **jamais** R.
no … nadie: **ne … personne.**
Je **ne** vois **personne**.
No … nada: **ne … rien.** Je **ne** vois **rien**.
no .. ni .. ni. **Ne .. ni... ni**. Je **ne** rencontre **ni** R. **ni**
S.
sólo: **ne … que.**
Je **ne** parle **que** français. Hablo sólo francés.

F El participio presente

Derivación: primera persona plural del presente
indicativo (sin terminación) + **ant :**
nous **dans** ons + **ant** > **dansant** / bailando.
Aquí están el chico y la chica bailando juntos.
Voici le garçon et la fille **dansant** ensemble.
R El participio presente es invariable.

F El gerundio: en + el participio presente

Bailan escuchando la música.
Ils dansent **en écoutant** de la musique.
R Si dos operaciones ocurren simultáneamente,
    se usa el gerundio (es invariable).

F Verbos irregolares

boire / beber
pres. je bois, tu bois, il boit, nous buvons, vous buvez, ils/elles boivent   PP   j'ai bu
devoir / deber
pres. je dois, tu dois, il doit, nous devons, vous devez, ils/elles doivent   PP   j'ai dû
plaire / gustar
pres. je plais, tu plais, il plait, nous plaisons, vous plaisez, ils/elles plaisent   PP   j'ai plu
savoir / saber
pres. je sais, tu sais, il sait, nous savons, vous savez, ils/elles savent   PP   j'ai su
mettre / poner
pres. je mets, tu mets, il met, nous mettons, vous mettez, ils/elles mettent   PP j'ai mis
venir / venir
pres. je viens, tu viens, il/elle vient, nous ven-ons, vous venez, ils/elles viennent
PP   je suis venu
vivre / vivir
pres. je vis, tu vis, il/elle vit, nous vivons, vous vivez, ils/elles vivent
PP   j'ai vécu
prendre / tomar
pres. je prends,tu prends, il/elle prend, nous prenons, vous prenez, ils/elles prennent
PP   j'ai pris

Por favor aprender las palabras en el vocabulario de <u>oficina</u> a <u>pie</u>.

Octavo día

La llegada en el hotel. Arrivée à l'hôtel.

Un hotel en Cannes.
Diego D, Carmen C, su hija Nora N,
Sr Richard R

D Buenas tardes, me llamo Diego Días. Bonsoir, je m'appelle Diego Días (b*o* soar <u>sh</u>oe ma-pEl). ¿Tienen una habitación doble y una habitación individual para nuestra hija? Avez-vous une chambre double et une chambre individuelle pour notre fille (avevu yn sh*a*br dubl e yn sh*a*br *e*dividyEl pur nOtr fij)?

R ¿Cuánto tiempo quieren quedarse? Combien de temps voulez-vous rester (k*o*bj*e* doe t*a* vulevu rEste)?

D Por una semana. Une semaine (yn soemEn).

R Tienen suerte. Vous avez de la chance (vu<u>s</u>ave de la sh*a*s). Apesar de la temporada alta tengo unas habitaciones libres. Bien que nous avons la pleine saison il y a encore quelques chambres libres (bj*e* koe nu<u>s</u>avo la plEn sEs*o* ilja *a*kOr kElkoe sh*a*br libr). Tengo dos habitaciones con baño, balcón y vistas al mar. Il y a deux chambres avec salle de bain, balcon et vue sur la mer (ilja doe sh*a*br avEk sal doe b*e* balk*o* e vu syr la mEr).

C ¿Cuánto cuestan con desayuno, media pensión y pensión completa? Combien coûte une nuit avec petit déjeuner, la demi-pension et la pension complète (k*o*bj*e* kut yn nyi avEk poeti de<u>sh</u>oene la doemip*a*sj*o* e la p*a*sj*o* k*o*plEt)?

R   Aquí tiene la lista de precios. Voici la liste
    des prix (voasi la list de pri).

C   Es demasiado caro. C'est trop cher (sE tro
    shEr). ¿Tienen también unas habitaciones más
    baratas? Vous avez aussi des chambres plus
    bon marché (vusave osi de shabr ply bo mar-
    she)?

R   Tengo dos habitaciones con ducha y vistas a
    las montañas. Nous avons deux chambres
    avec douche et vue sur les montagnes
    (nusavo doe shabr avEk dush e vy syr le
    motañ).

C   ¿Podemos ver las habitaciones? Est-ce que
    nous pouvons voir les chambres (Eskoe nu
    puvo voar le shabr)?

R   Con mucho gusto. Volontiers (vOlotje). Las
    habitaciones están en el cuarto piso. Les cham
    chambres sont au quatrième étage (le shabr so
    o katrjEm etash). Aquí está el ascensor. Voici
    l'ascenseur (voasi lasasOEr).
    Después de la visita. Après la visite.

D   Nos quedamos con las habitaciones. Nous
    prenons les chambres (nu proeno le shabr).

R   Entonces rellenar este formulario de ingreso,
    por favor. Je vous prie de remplir cette fiche
    (shoe vu pri doe raplir sEt fish). Firmar aquí
    por favor.Veuillez signer ici (voeje siñe isi).

D   ¿Hay alguien que podría llevar el equipaje a
    las habitaciones? Il y a quelqu'un qui peut
    monter les bagages dans les chambres (ilja
    kElke ki poe mote le bagash da le shabr)?

R   El camarero lleva las maletas a la habitación.
    Le garçon porte les valises dans la chambre
    (loe garso pOrt le valis da la shabr). Aquí
    tienen las llaves. Voici les clefs (voasi le kle).

C ¿A qué hora es el desayuno? À quelle heure servez-vous le petit déjeuner (a kEl OEr sErvevu loe poeti de<u>sh</u>oene)?

R De ocho a diez. De huit à dix heures (doe yit a dis OEr). El restaurante está al fondo del pasillo. Le restaurant est au bout du couloir (loe roestor*a* Et o bu dy kuloar).

D Mañana queremos leventarnos temprano. Demain nous voulons nous lever tôt (doem*e* nu vul*o* nu loeve to). Por favor despertar nos a las ocho. Est-ce que vous pouvez nous réveiller à huit heures (Eskoe vu puve nu reveje a yit OEr)?

R Por supuesto. Volontiers (vOl*o*tje). Buenas noches. Bonne nuit (bon nyi).
Después de una semana muy bella. Après une semaine très belle.

D Salimos; preparar la cuenta, por favor. Nous partons; pouvez-vous preparer la note (puve vu prepare la nOt)? Hasta la vista; hemos tenido una estancia muy agradable. Au revoir c'était un séjour très agreable (o roevoar setE *e* se<u>sh</u>ur trE<u>s</u>agreabl).

R Buen regreso. Bon retour (b*o* roetur).

El pronombre posesivo

mi padre, mi madre, mis padres.
mon père, **ma** mère, **mes** parents.

1 propietario	m	Sg	f	Pl
1a pers. Sg	**mon** (m)		**ma** (f)	**mes**
2a pers. Sg	ton		ta	tes
3a pers. Sg	son		sa	ses

51

nuestro hijo, nuestra hija, nuestros hijos.
notre fils, **notre** fille, **nos** enfants.

muchos propietari	Sg m/f	Pl m/f
1a pers. PL	**notre** (m / f)	**nos**
2a pers. Pl	votre	vos
3a pers. Pl	leur	leurs

R Delante de las palabras que comienzan con
vocal o 'h' muda, siempre se usa las formas
masculinas mon, ton, son:
mon amie / mi amiga

El pronombre relativo

E Hermann Hesse que es un premio nobel que
mucha gente conoce lee dos poesias que
conozco y que son mis poesias preferidas.
Hermann Hesse qui (1) est un lauréat du prix
Nobel que (2) tout le monde connaît, lit deux
poésies que (3) je connais et qui (4) sont mes
poésies préférés.

D Si el pronombre relativo es sujeto, se usa
'qui'. Si el pronombre relativo es un objeto
acusativo, se usa 'que'.
qui puede ser masculino (1), femenino (4),
neutral, singular (1) o plural (4).
que puede ser masculino (2), femenino (3),
neutral, singular (2) o plural (3).

El pronombre demostrativo

E   Encuentras este chico? No, *ese*.
Tu rencontres **ce** garçon-ci? Non, *celui*-là.
Tu rencontres **cette** fille-ci? Non, *celle*-là.

Pl Tu rencontres **ces** garçons-ci? Non, *ceux*-là.
Tu rencontres **ces** filles-ci? Non, *celles*-là.

D El adjetivo demostrativo se coloca delante de
un sustantivo (**ce** garçon-ci).
El pronombre demostrativo reemplaza a un
sustantivo (*celui*-là).
ci indica proximidad; **là** indica distancia.

R **Delante de vocal o 'h' muda** ce > cet:
cet hôtel là. Quell'albergo là.

La frase interrogativa

E ¿Vienes?
La forma interrogativa de la frase está sometida
de 3 maneras.
1. Con la inversión de verbo y sujeto:
Viens-tu?
2. Con la entonación de la voz al final de la
frase: Tu **viens**?
3. Con la expression est-ce que:
Est-ce que tu viens?
E ¿Cuándo vienes?
1. **Quand** viens-tu?
2. Tu viens **quand**?
3. **Quand** est-ce-que tu viens?

F Verbi irregolari

dire / decir
pres. je dis, tu dis, il dit, nous disons, vous dites,
ils/elles disent
PP j'ai dit
vouloir / querer
pres. je veux, tu veux , il veut, nous voulons,
vouz voulez, ils/elles veulent
PP j'ai voulu

53

F Mellizos

contener	contenir k*o*tnir
contrato	contrat k*o*tra m
controlar	contrôler k*o*trolé
crema	crème krEm f
diferente	différent difer*a*
dirección	direction dirEksj*o* f
directo	direct dirEkt
embarcadero	embarcadère *a*barkadEr
esparadrapo	sparadrap sparadra m
este	est Est m
estilo	style stil m
exposición	exposition Ekspo*s*isj*o*
expressión	expression EksprEsj*o* f
forma	forme fOrm f
fumar	fumer fymé
galería	galerie galri f
habitante	habitant abit*a* m
impermeable	imperméeable *e*pErmeabl
importante	important *e*port*a*
infección	infection *e*fEksj*o* f
información	information *e*fOrmasj*o* f
inscripción	inscription *e*skripsj*o* f
intèrprete	interprète *e*tErprEt m f
invitar	inviter *e*vité
jabón	savon sav*o* m

Por favor aprender las palabras en el vocabulario de <u>piso</u> a <u>reservar</u>.

Nono día

En el restaurante. Au restaurant.

Un restaurante en Marsella.
Carmen C, Diego D, Nora N,
camarera Sofia S

D Buenos días. Bonjour (b*o*<u>sh</u>ur). Siento llegar
tarde. Désolé d'être en retard (desole dEtr *a*
roetar).
S No importa. Cela ne fait rien (sla noe fE rj*e*).
D Me llamo Diego Días. Je m'appelle Diego
Días (<u>sh</u>oe mapEl). Tengo una reserva para
tres personas. J'ai une réservation pour trois
personnes (<u>sh</u>e yn resErvasj*o* pur troa   pErsOn).
S He aquí la mesa. Voici la table (voasi la tabl).
Siéntese. Asseyez-vous (asejevu). Aquí tienen la carta y la lista de bebidas. Voici la carte et la liste des boissons (voasi la kart e la
list de boas*o*). ¿Desean un aperitivo? Est-ce
que vous voulez un apéritif (Eskoe vu vule
*e*naperitif)?
C Un kir royal por favor. Un kir royal s'il vous
plait (*e* kir rojal silvuplE).
N Un aperitivo sin alcohol. Un apéritif sans
alcool (*e*naperitif s*a*<u>s</u> alkOl).
D Un zumo de naranja. Un jus d'orange (*e* <u>sh</u>y
dor*a*<u>sh</u>*)*.
Después del aperitivo. Après l'apéritif.
S ¿Qué quieren para beber? Qu'est-ce que vous
aimeriez boire (kEskoe vu<u>s</u>emerje boar)?
C Una copa de vino blanco. Un verre de vin

blanc (*e* vEr doe v*e* bl*a*).

N Un zumo de frutas. Un jus de fruits (*e* <u>shy</u> doe fryi).

D Una cerveza de barril. Une bière à la pression (yn bjEr a la prEsj*o*).

S ¿Qué quieren de primero? Qu'est-ce que vous voulez comme entrée (kEskoe vu vule kOm *a*tre)?

D Mariscos. Fruits de mer (fryi doe mEr).

N Un pastel. Un pâté (*e* pate).

C Para mí sopa de pescado. Pour moi soupe de poisson (pur moa sup doe poas*o*).

S ¿Qué quieren comer? Qu'est-ce que vous voulez manger (kEskoe vu vule m*a*<u>sh</u>e)?

N Para mí una comida vegetariana. Pour moi un plat végétarien (pur moa *e* pla ve<u>sh</u>etarj*e*). ¿Qué me recomienda? Quel plat vous me conseillez (kEl pla vu moe k*o*sEje)?

S Lenguado con arroz. Sole avec du riz (sOl avEk dy ri).

D Para mí bistec con patatas fritas y ensalada mixta. Pour moi le steak avec pommes frites et une salade composée (pur moa loe stEk avEk pOm frit e yn salad k*o*pose).

S ¿El bistec poco hecho, medio hecho, muy hecho? Le steak saignant, à point où bien cuit (loe stEk sEñ*a* a po*e* u bj*e* kyi)?

D Medio hecho. À point (a po*e*).

S ¿Qué salsa para la ensalada? Quelle sauce pour la salade (kEl sos pur la salad)?

D Salsa francesa. Sauce française (sos fr*a*sEs).

C Para mí el plato del día. Pour moi le plat du jour (pur moa loe pla dy <u>sh</u>ur).

Después del plato fuerte. Après le plat principal.

S ¿Qué desean de postre? Qu'est-ce que vous voulez comme dessert (kEskoe vu vule kom doesEr)?

D ¿Qué sabores de helado hay? Quels parfums de glace avez-vous (kEl parf*e* doe glas ave-vu)?

S Vainilla, frambuesa, fresa, nuez y albaricoque. Vanille, framboise, fraise, noix et abricot (vanij fr*a*boas frEs noa e abriko).

D Un helado variado y un cortado. Une glace mixte et un café au lait (yn glas mikst e *e* kafe o lE).

C ¿Cuál pastel hay? Quel gâteau avez-vous (kEl gato avevu)?

S Tarta de frutas, tarta de manzana y tarta de queso.Tarte aux fruits, tarte aux pommes et gâteau au fromage blanc (tart o fryi, tarte o pOm e gato o frOma<u>sh</u> bl*a*).

C Una tarta de manzana pero con nata montada y un café. Une tarte aux pommes, mais avec de la crème Chantilly et un café (yn tart o pOm mE<u>s</u>avEk doe la krEm sh*a*tiji e *e* kafe).

N Tarta de frutas y un té de limón. Tarte aux fruits et un thé au citron (tart o fryi e *e* te o sitr*o*).
Después de una comida muy buena. Après un très bon déjeuner.

S Les ha gustado? C'était bon (setE b*o*)?

C Fue excelente. C'était excellent(setEtEksEl*a*). Da le nuestras felicitaciones al cocinero. Faites nos compliments au cuisinier (fEt no k*o*plim*a* o kyisinje).

D La cuenta por favor. L'addition, s'il vous plait (ladisj*o* silvuplE).

S Aquí tiene la cuenta. Voici l'addition.

D Está bien así. C'est juste.
S Muchas gracias. Merci beaucoup (mErsi boku).

F El espacio / l'espace

en la casa	á la maison
por la casa	à travers (a travEr)
dentro de	à l'intérieur de (*e*terjOEr)
fuera de …	hors de (Or)
delante de …	devant (doev*a*)
detrás de …	derrière (dErjEr)
junto a …	à côté de (a kote doe)
sobre …	sur (syr)
debajo de …	sous (su)
enfrente de …	en face de (*a* fas doe)
cerca de…	près de (prE doe)

F La llegada / l'arrivée

He llegado ...	**Je suis arrivé …**
hace ocho días	il y a 8 jours (ilja vit <u>sh</u>ur)
la semana pasada	la semaine passée (la soemEn pase)
anteayer	avant hier (av*a*tjEr)
ayer	hier (jEr)
hoy	aujourd'hui (o<u>sh</u>urdyi)
acabo de llegar	je viens d'arriver (<u>sh</u>oe vj*e* darive)
estoy llegando	je suis en train d'arriver (<u>sh</u>oe syi<u>s</u>*a* tr*e* darive)

58

F La salida / le départ

voy a salir	je vais partir (<u>sh</u>oe vE partir)
salgo …	**je pars …**
immediatamente	tout de suite (tu doe syit)
presto	bientôt (bj*e*to)
fra due ore	dans deux heures (d*a* doe<u>s</u>OEr)
hoy por la mañana	ce matin (soe mat*e*)
esta tarde	cet après-midi (sEtaprEmidi)
sta sera	ce soir (soe soar)
mañana	demain (doem*e*)
pasado mañana	après-demain (aprE doem*e*)
prima di domenica	avant de dimanche (av*a* doe dim*a*sh)

F Frecuencia

nunca	jamais (shamE)
a veces	parfois (parfoa)
muchas veces	souvent (suv*a*)
las más veces	pour la plupart (pur la plypar)
siempre	toujours (tu<u>sh</u>ur)

F Mellizos

decisión	décision dési<u>s</u>jo f
diarrea	diarrhée djaré f
limonada	limonade limOnad f
liquido	liquide likid
lista	liste list f
litro	litre litr m
mar	mer mEr f
marroquinería	maroquinerie marOkinri f
medicamento	médicament medikam*a* m
moda	mode mOd f
momento	moment mom*a* m
muro	mur myr m

objeto	objet ObshE m
ópera	opéra Opera m
operación	operation Operasjo f
oro	or Or m
pantalón	pantalon patalo m
peaje	péage peash m
pensar	penser pase
pensión	pension pasjo f
pila	pile pil f
poner	poser pose
posible	possible pOsibl
presentar	présenter presate
prestar	prêter prEte
procurar	procurer prOkyre
profesión	profession prOfesjo f
puro	pur pyr
recepsión	réception resEpsjo f
reclamar	réclamer reklame
reclamación	réclamation reklamasjo
región	région reshio f
reparar	réparer repare
repetir	répéter repete
reservar	réserver resErve
respirar	réspirer respirer
restaurante	restaurant rEstOra m
retirar	retirer retire

**Por favor aprender las palabras en el vocabu-
lario de <u>restaurante</u> a <u>servir</u>.**

Décimo día

Preposiciones del tiempo

E Hace 4 meses tuve la idea de escribir un libro
que escribo durante dos meses que tengo que
terminar en dos meses y que la editorial
publica en 4 meses.

 Il y a 4 mois (1) qu'il me vint l'idée d'écrire
un livre que j'écris **depuis** 2 mois (2) que je
dois achever **en** 2 mois (3) et que l'éditeur
publie **dans** 4 mois (4).

D 1 **il y a**: momento en el pasado.
2 **depuis**: una acción incompleta que comenzó
en el pasado.
3 **en**: tiempo necesario para completar una
acción.
4 **dans**: momento en el futuro.

à

E Mi tía vive en Dinamarca. Su casa en el
campo es de mi tío.
Ma tante habite **au** Danemark (1). Sa maison
à la campagne (2) est **à** mon oncle (3).

D Uno usa **à**:
delante de nombres propios masculinos
geográficos que comienzan con una
consonante (1).
à indica: estado en el lugar (2) posesión
(3).

chez

E   Voy a mi prima que vive con mi tía.
Je vais **chez** ma cousine (1) qui habite **chez** ma tante (2).

D   **chez** indica movimiento para colocar (1), traduce 'con' (2).

de

E   Mi tía viene de Francia. De 1950 a 1980 vivió en París.
Ma tante vient **de** la France (1). **De** 1950 à 1980 elle a habité à Paris (2).

D   **de** indica: origen o procedencia (1), tiempo también en correlación con à (2).

en

E   Mi hermana vive en Francia. En verano va en coche a Italia, donde compra una camisa de seda. Ma soeur habite **en** France (1). **En** été (2) elle va **en** voiture (3) **en** Italie (1)) où elle achète une chemise **en** soie (4).

D   Se utiliza **en** :
delante de nombres geográficos femeninos (1), antes de meses y temporadas (2).
Excepción: au printemps (in primavera).
delante de un medio de comunicación (3), para indicar el material (3).

par y pour

E Una vez a la semana me voy a Niza por amor
para encontrarme con una amiga. La semana
pasada viajé en tren a Lyon y leí un libro
escrito por Victor Hugo.

Une fois **par** semaine (1) je pars **pour** Nice
(2) **par** amour (3) **pour** rencontrer une amie
(4). La semaine passée j'ai voyagé **par** train
(5) **par** Lyon (6) et j'ai lu un livre écrit **par**
Victor Hugo (7).

D **par** indica:
frecuencia (1), causa (3), medio (5),
movimiento por lugar (6), agente (7).
pour indica:
movimiento para colocar (2), propósito (4).

Expressiones importantes

Soy de España. Je viens de l'Espagne (<u>sh</u>oe vj*a*
de lespañoe). No hablo francés. Je ne parle pas
français (<u>sh</u>oe noe parl pa fr*as*E). ¿Habla usted
español? Parlez-vous espagnol (parle vu
español)? No entiendo. Je ne comprends pas
(<u>sh</u>oe noe k*o*pr*a* pa). ¿Puede repetirlo y hablar
más despacio? Vous pouvez le répéter et parler
plus lentement (vu puve loe repete e parle ply
l*a*tm*a*)? ¿Puede deletrearlo ? Pouvez-vous
l'épeler ? ¿Puede escribirlo por mí? Est-ce que
vous pouvez l'écrire pour moi (Eskoe vu puve
lekrir pur moa)? ¿Puede traducir esto por mí?
Est-ce que vous pouvez traduire cela pour moi
(Eskoe vu puve tradyir soela pur moa)? ¿Cómo
se dice esto en francés? Comment ça s'appelle
en français (kOm*a* sa sapEl *a* fr*a*sE)? ¿Cómo se

pronuncia esta palabra? Comment on prononce cette parole (koma o prOnos sEt parOl)? ¿Qué significa … / que veut dire … (koe voe dir)?

F En los grandes almacenes

¿Le puedo ayudar? Je peux vous aider (shoe poe vusede)? Gracias, sólo estoy mirando. Non, merci, je ne fais que regarder (no mErsi shoe noe fE koe roegarde). Cuánto es / combien ça coûte? Es demasiado caro / c'est trop cher. ¿Tiene algo más barato / avez-vous quelque chose moins chère? Esto me gusta; lo llevo. Ça me plait, je le prends (sa moe plE shoe loe pra). ¿Puedo pagar con la tarjeta de crédito? Est-ce que je peux payer par carte (Eskoe shoe poe peje par kart)? Quiero un recibo. Est-ce que je peux avoir le ticket de caisse (Eskoe shoe poe avoar loe tikE doe kEs)? ¿Puede envolverlo / pouvez-vous l'envelopper (puve vu levelope)?

F Después un accidente

Ha habido un accidente. Il y a eu un accident (ilja y enaksida). Es una emergencia. C'est une urgence (sEt yn yrshas). Hay heridos graves. Il y a des grands blessés (ilja de gra blese). ¡Llame enseguida una ambulancia y la policía! Appelez tout de suite une ambulance et la police (aple tu doe syit yn abylas e la pOlis)! ¿Puede darme su nombre y apellido, su dirección y el número de su seguro? Donnez moi votre prénom et nom, votre adresse et le numéro de votre assurance (done moa vOtr preno e no vOtr adrEs e loe nymero doe vOtr asyras).

F Expressiones importantes

¿Cómo / comment se va a … est-ce qu' on peut aller à … ? ¿A qué distancia está … à quelle distance se trouve … ? ¿Cuánto tiempo dura / combien dure …? ¿Cuánto es / ça coûte combien? ¿Cómo está / comment ça va?

¿Cuál es / Quel(le) est la dirección / l'adresse (kEl E ladrEs), la tarifa / le tarif (kEl E loe tarif), el número de teléfono / le numéro de téléphone (nymero doe telefOn), el prefijo de / l'indikatif (ledikatif), el pronostico del tiempo / la météo, el voltaje / le voltage (vOltash), el día del mercado / le jour du marché (loe shur dy marshe)?

¿Cuándo / quand es el/la proximo/a /… est le/la prochain/e ... , sale / llega … / part / arrive …, abren / cierran … / ouvre / ferme …, empieza / termina ... / commence / se termine, se puede entrar / peut-on entrer?

¿Dónde está / où est la policia / la police, un cajero automatico / un distributeur de billets, la oficina de turismo / l'office de tourisme (lOfis doe turism), un buzón / une boîte aux lettres (boat o lEtr) el/la … más cercano/a / … le/la plus proche (ply prOsh), la gasolinera / la station-service (stasjo sErvis), el alquiler de coches / la location de voitures (lOkasjo doe voatyr), la consigna / la consigne (kosiñoe), la ventanilla / le guichet des billets, la facturación / l'enregistre-ment (lareshistroema) ¿Dónde tiene lugar … / où a lieu (u a ljoe)? ¿Dónde quedamos / où est-ce qu'on se rencontre (u Esko soe rakotr)? ¿Dónde puedo encontrar / comprar … / où est-ce que je peux trouver / acheter (u Eskoe shoe poe truve ashte)? ¿Dónde puedo comprar los billetes / où est-e que je peux acheter les billets (u Eskoe shoe poe ashte le bijE)?

¿Hay / est-ce qu'il y a alguien que / quelqu'un qui (kElk*e* ki), un aparcamiento / un parking, descuento para / une réduction pour (redyksj*o* pur), grandes almacenes muy cerca / un grand magasin près d'ici (*e* gr*a* magas*e* prE disi), una visita guiada / une visite guidée (vi̱sit gide), un enlace / une correspondance (kOrEsp*o*d*a*s), un albergue juvenil / une auberge de jeunesse (obEṟsh doe ̱shoenEs)?

Hay / il y a un error en la cuenta / une erreur dans l'addition (yn ErOEr d*a* ladisj*o*).

¿Me puede / est-ce que vous pouvez pedir / me commander (kOm*a*de), llevar / m'apporter (mapOrte), dar / me donner, explicar / m'expliquer (mEksplike), ayudar / m'aider (mede), prestar / prêter (prEte), decir / dire, mostrar / me montrer (moe m*o*tre), recomendar / me recommander (roekOm*a*de), procurar / me procurer (prOkyre), llamar un taxi / appeler un taxi?

No funciona / ne fonctionne pas (noe f*o*ksjOn pa) es defectuoso / est cassé/e (E kase). ¿Puede repararlo / est-ce que vous pouvez le réparer? ¿Cuándo estará listo / ce sera prêt quand (soe sera prE k*a*)? ¿Está incluido … / ... est compris dans le prix?

¿Puedo / je peux aparcar aquí / me garer ici, dejar las maletas aquí / laisser mes valises ici, sacar fotos / prendre des photos, invitarlo/la / vous inviter, acompañarla a casa / vous raccompagner, ir a pie / aller à pieds?

¿Qué es eso? Qu'est-ce que c'est (kEskoesE)? ¿En qué trabajas? Qu'est-ce que tu fais comme travail (kEskoe ty fE kOm travaj)? ¿Qué hay?

66

Qu'est-ce qu'il y a (kEskilja)? ¿Qué hay de nuevo? Quoi de neuf (koa doe noef)? ¿Qué deporte practica Usted? Quel sport pratiquez-vous (kEl spor pratike vu)? ¿Qué edad tiene Usted / quel âge avez-vous(kEl a_sh_ ave-vu)?

¿Quién / Qui es el guía turístico (la guía turística) / est le guide (ki E loe gid)? ¿A quién me puedo dirigir? A qui je peux m'adresser (aki _sh_oe poe madrEse)?

Quiero / je veux bajar / descendre (desadr), comprar / acheter (ashte), llevar / emporter (_a_pOrte), alquilar / louer (lue), pagar / payer (peje), denunciar un robo / déclarer un vol (deklare _e_ vOl), depositar en la caja / déposer dans le coffre-fort (depo_se_ d_a_ loe kOfrfOrt), fijar una cita / prendre un rendez-vous (pr_a_dr _e_ r_a_devu), visitar / visiter (vi_s_ite).

¿Tengo qué / est-ce que je dois reservar / réserver, cambiar de / changer de, pagar una caución / payer une caution?

F Mellizos

sal	sel sEl m
tardar	tarder tarde
tirar	tirer tire
televisión	télévision televisj_o_ f
transportar	transporter tr_a_spOrte
usar	user y_se_
venta	vente v_a_t f
visitar	visiter vi_s_ite
volar	voler vOle
voltaje	voltage volta_sh_ m

Vocabulario

abrebotellas ouvre-bouteille
abrelatas ouvre - boîte boat
abrigo manteau (m*a*to) m
abril avril (m)
abrir ouvrir
abuela grand-mère (gr*a*mEr)
accidente accident (aksid*a*) m
aceite huile (yil) f
aceptar accepter aksEpte
acompañar accompagner
adaptador adaptateur (m)
aeropuerto aéroport (pOr) m
agosto août ut m
agotado épuisé epyise
agradable agréable
agradecer remercier
agua eau (o) f
~ mineral eau minérale
potable eau potable
ahora maintenant (m*e*, n*a*)
aire acondicionado
climatisation (f)
albaricoque abricot abriko m
albergue juvenil
auberge de jeunesse
albornoz peignoir (pEñoar) m
alcohol alcool (m)
sin alcohol
sans alcool
alemán/ana Deutsche/r
Alemánia Allemagne f
alergia allergie f
algo
quelque chose f

algodón
coton kot*o* m
alguno
quelqu'un (kElk*e*)
algunos
quelques
allá, allí là
al menos
au moins mo*e*
almohada
oreiller Oreje m
alquilar
louer (lue)
alquiler location f
alquiler de coches
location d'auto
altavoz
haut-parleur m
amable gentil(e)
amar aimer (eme)
ambulancia
ambulance f
año nuevo
jour m de l'an
antigüedad
antiquité f
anular annuler
aparcamiento
parking
aparcar garer
aperitivo apéritif m
apretar presser
apropiado
approprié

68

aproximadamente
environ *a*vir*o*
aquél celui-là
arena sable sabl m
architectura
architecture (arshitEktyr) f
arroz riz (ri) m
arte art (ar) m
artificial artificiel
artista artiste m/f
asado rôti m
asado enrollado
épaule roulée f
asador brochette (broshEt) f
ascensor ascenseur m
así ainsi
asiento place assise plas asis
atención attention (at*a*sj*o*) f
atravesar traverser (vErse)
auténtico authentique ot*a*tik
autobús autocar m
autopista autoroute otorut f
avión avion (avj*o*) m
ayer hier (jEr)
ayuda aide (Ed) f
ayudar aider (ede)
ayuntamiento
mairie mErii f
azúcar sucre (sykr) m
azul bleu bloe

B

bailar danser (d*a*se)
bajar descendre (des*a*dr)
balcón balcon
balk*o* m

bañarse baigner
baño bain (b*e*) m
banco banque (b*a*k)
barato bon marché
barbacoa gril m
barca bateau (bato)
barco navire m
barco de vela
bateau à voiles voal
barra de labios
rouge à lèvres
batería
batterie batrii f
bebida boisson f
bicicleta bicyclette f
billete billet bijE m
bolsa sac sak m
bolso sac à main
boca bouche (bush)
botella bouteile f
bote de remos
canot kano m
bote salvavidas
canot de sauvetage
botón bouton (but*o*)
buscar chercher
buzón boîte aux
lettres

C

caballo cheval m
cabeza tête tEt f
cabina
telefónica
cabine
téléphonique

69

bañero maître nageur m
caja caisse (kEs) f
caja de enfermedad
assurance maladie
caja fuerte coffre-fort m
calcetín socquette (sOkEt) f
calefacción chauffage m
calle rue ry f
calle de sentido único
sens unique (sas ynik)
calor chaleur (shalOEr) f
cama lit (li) m
camara de fotos
appareil photo aparEj
camarera
serveuse (sErvoes) f
camarero garçon garso
cambiar
changer (shashe)
cambio change shash m
camisa
chemise (shoemis) f
campo de golf
terrain de golf
cancelar oblitérer
canción chanson (shaso) m
candela bougie (bushi) f
cansado fatigué (fatige)
cara visage visash m
caravana caravane f
carne viande (viad) f
carné de conducir
permis de conduire
carné de idendidad
carte d'identité idatite

cada chaque
carta lettre lEtr f
casa maison mEso f
casi presque prEsk
casino casino m
caso de emergencia
urgence yrshas f
castillo château shato
catedral cathédrale f
cementerio cimetière
cena dîner dine m
cenicero
cendrier sadrje m
central central satral
centro commercial
centre commercial m
cerca de tout près
cercano proche prOsh
cerdo porc pOr m
cerrar fermer
certificado
attestation atEstasjo f
cerveza bière bjEr f
chaqueta veste vEst f
chico garçon garso m
chocolate
chocolat m
cielo ciel sjEl m
cigarillo cigarette f
cine film m
cinturo ceinture setyr f
circuito circuit sirkyi
cita rendez-vous m
ciudad ville vil f
coche voiture voatyr f

70

carniceria boucherie f
coche de literas
couchettes kushEt f pl
cocina cuisine kyisin f
cocinar cuire kyir
colchón matelas matla m
colchoneta
matelas pneumatique
colega collègue kOlEg m
color couleur kulOEr f
comedor salle à manger
comer manger mashe
comida
déjeuner deshoene m
compra achat asha m
comprar acheter ashte
compresa serviette
hygiénique yshjenik
confirmar confirmer
con frecuenzia souvent
con gas
gazeux gasoe
conocer connaître
consigna
consigne kosiñoe f
contemplar regarder
contener contenir kotnir
contrato contrat kotra m
controlar contrôler kotrole
convent monastère m
corazón coeur kOEr m
cordero agneau año m
correo aéreo
poste aérienne f
corriente courant kura m

cortar couper kupe
costa côte f
costar coûter
crema crème f
crema solar
crème solaire
crudo cru kry
cruze croisement m
cruzero croisière f
cuadro tableau m
cuarto quart m
cubierto couvert m
cubo seau so m
cubo de basura
poubelle pubEl f
cuenta addition f
cuchara cuillère f
cucharita de té
petite cuillère f
cuchillo couteau m
cuerpo corps kOr m
cumpleaños
anniversaire m
curso cours kur m
D
daño dommage m
dar donner dOne
deber devoir
decir dire dir
decisión décision f
dedo doigt doa m
dejar laisser lese
deletrear
épeler epele
demasiado trop

dentifrico dentifrice m
dentista dentiste datist m
dentro de à l'intérieur de
denunciar dénoncer
derecho tout droit tu droa
desayuno petit-déjeuner
describir décrire dekrir
descuento rabais rabE m
desear désirer desire
despedirse prendre congé
despertar réveiller reveje
desviación déviation f
detrás de derrière dErjEr
día jour shur m
día de fiesta jour férié
día lavorable jour ouvrable
diarrea diarrhée djare f
diciembre décembre m
diente dent da f
dieta régime reshim m
diferente différent difera
dinero argent arsha m
dirección
direction dirEksjo f
directo direct/e dirEkt
discoteca discothèque f
distancia distance distas f
dolor douleur dulOEr f
domingo dimanche m
dormir dormir dOrmir
ducha douche dush f
durar durer dyre
E
edad âge ash m
eléctrico électrique

embajada ambassade f
embarcadero
embarcadère m
empezar commencer
en alguna parte
quelque part
enchufe prise pris f
encontrar rencontrer
rakotre
encuentro rencontre f
enero janvier shavje m
enfermedad maladie f
enfermo malade
enfrente de en face de
en lugar de au lieu de
ensalada salade f
ensalada de frutas
salade de fruits
en seguida immédiatement
entender comprendre
entrada billet d'entrée
bijE datre
enviar envoyer avoaje
equipaje bagages m pl
equipo équipe ekip f
error erreur ErOEr f
escalera escalier m
escalera mecánica
escalier roulant
escalope escalope f
escaparate
vitrine vitrin f
escoba balai balE m
escribir écrire ekrir
escultor sculpteur m

escultura sculpture f

espalda dos do m

esparadrapo sparadrap m

especia épice epis f

espejo miroir miroar m

esperar attendre at*a*dr

esposo mari m

esposa épouse epuus f

esquí de fondo

ski de fond f*o*

estación station stasj*o* f

estar être Etr

estar en pie être debout

estar sentado être assis

esta, este, esto ce(t), cette

estación gare f

estación del año

saison sE*so* f

estación terminal

terminus m

estancia séjour se*shur* m

este est Est m

estilo style stil m

estómago estomac m

estrecho étroit etroa

estupendo splendide

excursión en bicicleta

tour en vélo tur *a* velo

explicar expliquer

exposición exposition f

expresión expression f

extranjero étranger m

F

factor de protección solar

indice de protection

facturar enregistrer

falda jupe shyp f

faltar manquer m*a*ke

familia famille famij f

farmacia pharmacie f

febrero février fevrje

fecha date f

fecha de nacimiento

date de naissance

felicitación

félicitations f pl

feliz heureux oeroe

feria foire foar f

ferry bac m

fiesta fête fEt f

fin fin f*e* f

firma signature f

firmar signer siñe

flor fleur flOEr f

forma forme fOrm f

fotografia photo fOto f

freno frein fr*e* m

fresa fraise frEs f

fresco fresque frEsk f

frito rôti

frontera frontière f

fruta fruits fryi m pl

fuego feu foe m

fuente fontaine f*o*tEn f

fumador fumeur m

fumar fumer

funcionar

fonctionner f*o*ksjone

funicular

funiculaire fynikylEr

G
gafas lunettes lynEt f pl
galería galerie f
galleta biscuit biskyi m
ganar gagner gañe
gasóleo gazole gasOl m
gasolina essence esas f
gasolinera station-service
gastar dépenser depase
gente gens sha m pl
goma caoutchouk m
gota goutte gut f
gramo gramme gram m
grandes almacenes
grand magasin
grasa graisse grEs f
grifo robinet rObinE m
grupo groupe grup m
guía turístico
guide gid m
guardarropa vestiaire m
guarnición garniture f
gustar sentir le goût de
H
haber avoir avoar
habitación chambre f
habitación doble
chambre double
habitación individual
chambre individuelle
habitante habitant m
hablar parler
hacer faire fEr
hacer camping
camper kape

hacer una radiografia
faire une radio
hambre faim fe f
hongo champignon m
hora heure Oer f
horas de apertura
heures d'ouverture
heladería glacier m
helado glace glas f
helicóptero
hélicoptère m
hermana soeur sOEr f
hermano frère frEr m
hielo glace f
hija fille fij f
hijo fils fis m
historia histoire f
hombre homme Om
horario horaire OrEr m
hospital
hôpital Opital m
hostería petit restaurant
hotel hôtel otEl m
hoy aujourd'hui
hueso os m
huevo oeuf Oef m
huevo duro
oeuf dur
huevo pasado por aqua
oeuf à la coque
I
ida y vuelta aller et
retour ale e roetur
igual égal
igualmente egalement

74

impermeable

imperméable m

<u>importante</u> important

importe montant m*ota* m

<u>incluido</u> compris k*o*pri

infección infection f

<u>información</u> information f

<u>informar</u> informer *e*forme

informarse s'informer

inicio début deby m

<u>inscripción</u> inscription f

insecto insecte *e*sEkt m

<u>interesar</u> intéresser

intèrprete interprète m/f

invierno hiver ivEr m

<u>invitar</u> inviter *e*vite

ir

aller ale

<u>isla</u> île il f

J

<u>jabón</u> savon sav*o* m

<u>jamón</u> jambon sh*abo* m

~ en rollo ~ fumé roulé

<u>jardin</u> jardin <u>shard*e*</u> m

jefe de cocina chef shEf

jojero bijoutier bi<u>sh</u>utje m

<u>juego</u> jeu <u>sh</u>oe m

jueves jeudi <u>sh</u>oedi m

<u>jugar</u> jouer <u>sh</u>ue

junio juin <u>sh</u>y*ie* m

julio juillet shyiE m

K

kilómetro kilomètre m

kiosco

kiosque kiosk m

L

labio lèvre lEvr m

<u>lago</u> lac lak m

<u>lámpara</u> lampe l*a*p f

lancha motora

canot à moteur

<u>lata</u> boite boat f

<u>lavabo</u> lavabo m

lavar laver lave

laxante laxativ m

<u>leche</u> lait lE m

leer lire lir

levantarse se lever

<u>libreria</u> librairie f

<u>libro</u> livre livr m

<u>licor</u> liqueur likOEr f

<u>limón citron</u> sitr*o* m

limonada limonade f

limpiar nettoyer

<u>limpio</u> pur

<u>liquidación</u> soldes mpl

liquido liquide likid m

<u>lista</u> liste list f

liste prêt(e)

litro litre litr m

<u>llamar</u> aller chercher

<u>llamarse</u> s'appeler

<u>llave</u> clé kle f

<u>llegada</u> arrivée arive f

<u>llegar</u> arriver arive

llenar remplir r*a*plir

<u>lleno</u> plein pl*e*

<u>llevar</u>

apporter

<u>llover</u> pleuvoir

lluvia pluie plyi f
lugar lieu ljoe m
luna lune lyn f
lunes lundi ledi m
luz lumière lymjEr f
M
madre mère mEr f
magnifico magnifique
maleta valise valis f
mañana matin mate m
mano main me f
manta couverture f
mantequilla beurre m
manzana pomme pOm f
mapa carte kart f
maquinilla de afeitar
rasoir rasoar m
mar mer mEr f
marea alta flux fly m
marisco fruits de mer mpl
marroquinería maroquinerie
martes mardi m
marzo mars m
más plus ply
material matériel m
mayo mai mE m
mecánico mécanicien m
mechero briquet brikE m
media bas ba m
medianoche minuit minyi
media pensión demi-pension
médica
femme médecin
medicamento médicament
médico docteur dOktOEr

mediodía midi m
medir mesurer mesyre
melocotón pêche f
menos moins moe
mensaje message m
mercado
marché marshe m
mermelada confiture f
mes mois moa m
metro mètre mEtr m
miel miel mjEl m
miércoles mercredi m
mínimo minimum m
mirada regard m
mitad moitié moatje f
mixto mixte mikst
mochila sac à dos m
moda mode mOd f
molestar déranger
moneda pièce de
monnaie pjEs
monedero porte-
monnaie m
guía de montaña
guide de montagne
morder mordre mOrdr
mosquito moustique m
mostrar montrer motre
moto motocyclette f
motor moteur mOtOEr
mover bouger
móvil téléphone
portable
mujer femme fam f
muro mur myr m

76

músculo muscle myskl m
museo musée my<u>se</u> m
N
nacido né
<u>nacionalidad</u> nationalité f
<u>nada</u> rien rj*a*
nadar nager na<u>she</u>
<u>naranja</u> orange Or<u>ash</u> f
nariz nez ne m
<u>navegar a vela</u> naviguer
<u>necesario</u> nécessaire
<u>necesitar</u> avoir besoin de
neumático pneu pnoe m
niebla brouillard brujar m
<u>nieve</u> neige n<u>Esh</u> f
<u>niño</u> enfant *afa* m
<u>no</u> ne … pas noe ...pa
<u>noche</u> nuit nyi f
nombre nom n*o* m
<u>norte</u> nord nOr m
novela roman rOm*a* m
novio amant am*a* m
noviembre novembre m
nuez noix noa f
<u>número</u> nombre n*o*br m
<u>nunca</u> jamais <u>sham</u>E
<u>nuve</u> nuage nya<u>sh</u> m
O
objeto objet Ob<u>sh</u>E m
octubre octobre OktObr m
ocuparse s'occuper
<u>oficina</u> bureau byro m
<u>oficina de correos</u>
poste pOst f
<u>oficina de turismo</u>

office du tourisme
ofrecer offrir Ofrir
<u>oír</u> écouter ekute
ojo oeil Oej m
<u>olvidar</u> oublier ublie
ópera opéra Opera f
operación operation f
óptico opticien Optisj*e*
oro or m
otoño automne otOn m
<u>otro/a</u> autre otr
P
paciente patient pasj*e*
<u>padre</u> père pEr m
padres parents par*a*
<u>pagar</u> payer peje
país pays pei m
<u>palabra</u> mot mo m
<u>palacio</u> palais palE m
<u>pan</u> pain p*e* m
<u>panadería</u> boulangerie
panecillo petit pain
pantalón pantalon m
pañuelo mouchoir m
papel papier papje m
papel higiénico
papier hygiénique
par paire pEr f
<u>parada</u> arrêt arE f
<u>parada de autobús</u>
arrêt d'autobus
<u>paraguas</u> parapluie m
parapente
parapente parap*a*t m
<u>parar</u> arrêter arEte

77

parasol parasol m
parque parc park m
parquimetro parcmètre m
parte partie parti f
pasaporte passeport m
pasar passer pase
Pascua Pâques pak f pl
pastas pâtes alimentaires
pastel gâteau gato m
pastelería pâtisserie f
patata pomme de terre
patín acuático pédalo m
patinaje sobre hielo
patinage patinash m
peaje péage peash m
peatón piéton pjeto m
pediatra pédiatre m f
pedir prier prie
peine peigne pEñoe m
película pellicule pElikyl
película en color
pellicule couleurs
pelicula para diapositivas
diapositive djapositiv
peligro danger dashe m
peligroso dangereux
peluquero coiffeur m
pelo cheveux shoevoe m
pensar penser pase
pensión pension pasjo f
perder perdre pErdr
perdonar excuser Ekskyse
periódico journal shurnal
permitir permettre
persona personne pErsOn

pertenecer
appartenir
pescado poisson poaso
pescar pêcher pEshe
picadura de insecto
piqûre d'insecte
picante piquant(e)
pie pied pje m
piel peau po f
pila pile pil f
píldora pilule pilyl f
pimienta poivre poavr
pintar peindre pedr
pintor peintre petr m
pintura peinture petyr f
piscina piscine pisin f
piso étage etash m
pista de fondo piste
de ski de fond
planchar repasser
planear planifier
plano de la ciudad
plan de ville
planta plante plat f
plato assiette asjEt f
playa plage plash f
plaza place plas f
plomo plomb plo m
sin plomo sans plomb
poco peu de poe doe
poder pouvoir puvoar
policia police pOlis f
pollo poulet pulE m
poner poser
por ciento pour cent

por favor
s'il vous plait
por expreso
par exprèss EksprEs m
por la noche de nuit nyi
portero concierge m
posible possible pOsibl
postal carte postal
postigo volet vOlE m
postre dessert desEr m
precio prix pri m
preferir préférer prefere
prefijo indicatif edikatif m
pregunta question kEstjo
preguntar demander
presentar présenter
prestar prêter prEte
primavera printemps preta
primo Cousin kuse
prisa hâte at f
prismáticos jumelles f pl
privado privé(e)
probar essayer eseje
procurar procurer
profesión profession f
profundo profond prOfo
programa programme
prohibir interdire etErdir
pronunciar prononcer
pronto bientôt bjeto
prospecto dépliant deplia
próximo prochain proshe
pueblo village vilash m
puente pont po m
puerta porte pOrt f

puerto port pOr m
puntual à l'heure
puro pur(e) pyr

Q

que que koe
quedarse rester rEste
querer aimer, vouloir
queso fromage m
quizas peut-être

R

ración portion pOrsjo
razón raison rEso f
recepsión réception f
receta ordonnance f
recibir recevoir
recibo reçu resy m
reclamación
réclamation f
reclamar
réclamer reklame
recomendar
recommander
redondo rond(e) ro(d)
regalo cadeau kado m
región région reshjo f
reir rire rir
reloj montre motr f
reparición
réparation reparasjo f
reparar réparer repare
repetir répéter repete
reserva réservation f
reservar réserver
respirar respirer
responder répondre

restaurante restaurant m
retirar retirer roetire
retraso
retard roetar m
revista revue roevy f
río rivière rivjEr f
robar voler vOle
robo vol vOl m
rodaja tranche tra*sh* f
rojo/a rouge ru*sh*
romper rompre r*o*pr
ropa linge l*esh* f
rosa rose ro*s* f
roto/a cassé(e) kase
ruidoso bruyant(e) bryj*a*
S
sábado samedi samdi m
sábana drap de lit m
saber savoir savoar
sacacorchos
tire-bouchon m
sacar photographier
sal sel sEl m
salchicha saucisse sosis f
salida
sortie sOrti f
salida de emergencia
sortie de secours
salir
partir
salmón saumon som*o* m
salón de baile
dancing m
salsa sauce sos f
salud santé s*a*te f

saludar saluer salye
saludo salut saly m
salvar sauver sove
salvavidas
bouée de sauvetage
sangrar saigner sEñe
sangre sang s*a* m
se on
sed soif soaf f
seguro assurance f
seguro/a sûr(e) syr
sello timbre t*e*br m
semana semaine f
sendero sentier s*a*tje
señor monsieur m
señora dame dam f
sentarse
s'asseoir sasoar
sentir
sentir s*a*tir
separado/a séparé(e)
septiembre septembre
ser être Etr
servicio
service sErvis m
servicio religioso
messe mEs, culte
servilleta serviette f
servir servir sErvir
siempre toujours
siglo siècle sjEkl
significar signifier
silla chaise shE*s* f
sin sans s*a*
sobre sur syr

sol soleil sOlEj m
solo/a
seul(e) sOEl
sólo seulement
sOElma
soltero célibataire
sombra ombre obr f
sombrero chapeau shapo
sonar sonner sOne
sopa soupe sup f
sorpresa surprise f
subir monter mote
sucio sale sal
suerte chance shas f
suficiente assez ase
sumergir plonger ploshe
super mercado
supermarché sypermarshe
sur sud syd m
T
talla taille taj f
taller garage garash m
también aussi osi
tardar tarder tarde
tarde
soir m, après-midi m
tarifa taxe taks m
tarjeta de crédito
carte de crédit f
tarjeta telefónica
télécarte telekart f
tasca bistro m
taza tasse tas f
teatro théâtre teatr m
tela étoffe etOf f

teléfono téléphone m
telesquí
téléski teleski m
temporada
saison sEso f
temporada alta
pleine saison
temporada baja
arrière-saison
tenedor fourchette f
tener avoir, tenir
tener lugar
avoir lieu
tener que devoir
tercio tiers tjEr m
terminar finir
termómetro
thermomètre m
ternera veau vo m
tiempo temps ta m
tienda tente tat f
magasin magase m
tienda de fotografia
~ de photographie
tijeras ciseaux siso
timbre sonnette f
tío oncle okl m
tirar tirer
toalla serviette
de toilette
todavia encore akOr
todo/a tout(e) tu(t)
tomar prendre, boire
tonto stupide stypid
torre tour tur f

tortilla omelette OmlEt f
trabajar travailler travaje
traducir traduire tradyir
traer amener amne
traje complet koplE m
tranvía tram m
tratar soigner soañe
tren train tre m
trozo morceau mOrso m
U
uña ongle ogl f
urgente urgent(e)
usar user yse
V
vainilla
vanille vanij f
vacaciones vacances f pl
válido valable valabl
vaso verre vEr m
velocidad vitesse vitEs f
vender vendre vadr
venir venir voenir
venta vente vat f
venta de entradas
vente de billets
ventana fenêtre foenEtr f
ventanilla
guichet des billets
ventilador ventilateur m
ver voire voar
verano été ete m
verdura légume legym m
vestido robe rOb f
vez fois foa

en vez de au lieu de
vía voie voa f
viajar
voyager voajashe
viaje voyage voajash
vinagre
vinaigre m
vino m
vin ve m
viña vigne viñoe m
violencia violence f
visa visa m
visita visite visit f
visita guiada
visite guidée
visitar visiter
vista vue vy f
viudo/a veuf/ve
vivir vivre
volar voler vOle
voltaje voltage
vOltash m
volver retourner
volver a ver
revoir
voz voix f
vuelo vol vOl m
vuelta retour m
excursion f
circuit m
Y
ya déjà desha
Z
zumo jus shy

Del mismo autor

Aprender alemán en 10 días
Curso rápido con un nuevo método
Editorial:
Books on Demand
Norderstedt, Alemania

ISBN 9783752896138

Por favor lea el epílogo del autor
en la siguiente página.

Epílogo del autor

He escrito cursos de francés, inglés, italiano, español y alemán que han sido publicados en Francia, Alemania, Gran Bretaña, Italia y España. Los lectores de mis cursos de idiomas viajan a países europeos para aplicar el idioma aprendido. Hablar con los habitantes de un país crea una relación emocional con ese país. Le debemos un período de paz de 70 años a la unificación europea. La idea de la integración europea sólo durará si está anclada en el corazón de los ciudadanos europeos.

A pesar de sus diferentes idiomas (alemán, francés, italiano), los cantones de Suiza se han unido a una confederación. Suiza es un modelo para la unificación de los estados europeos en el marco de una confederación europea.